党的创新理论体系化学理化研究文库

◆ 中国式现代化的上海样本研究 ◆

"五个中心"建设

国家使命与发展逻辑

干春晖 等 著

上海人民出版社

编审委员会

序

理论的生命力在于创新。我们党的历史，就是一部不断推进马克思主义中国化时代化的历史，也是一部不断推进理论创新、进行理论创造的历史。新时代以来，党的理论创新取得重大成果，集中体现为习近平新时代中国特色社会主义思想。这一重要思想是当代中国马克思主义、二十一世纪马克思主义，是中华文化和中国精神的时代精华，实现了马克思主义中国化时代化新的飞跃。在这一科学理论的指引下，党和国家事业取得历史性成就、发生历史性变革，中华民族伟大复兴进入了不可逆转的历史进程。

习近平总书记深刻指出，"推进理论的体系化、学理化，是理论创新的内在要求和重要途径"。新征程上继续推进党的理论创新，要在体系化学理化上下功夫，从学术基础、实践导向、国际视野、历史维度等方面着力，深化对习近平新时代中国特色社会主义思想的研究阐释，这不仅是继续推进马克思主义中国化时代化的一项基础性、战略性工作，更是持续推动党的创新理论武装走深走实的必然要求。

上海是中国共产党的诞生地、改革开放的前沿阵地，也是马克思主义中国化时代化的实践高地，在党和国家工作全局中具有十分重要的地位。党的十八大以来，上海发展取得巨大成就，从"五个中心"建设、浦东打造社会主义现代化建设引领区、长三角一体化发展等重大国家战略深入推进，到新时代人民城市建设呈现日益蓬勃发展新局面，无不彰显着习近平新时代中国特色社会主义思想的真理力量和实践伟力。

上海市委高度重视党的创新理论武装，高度重视党的创新理论体系化学理化研究阐释，将思想铸魂、理论奠基作为上海建设习近平文化思想最佳实践地的引领性工程。上海理论社科界始终以高度政治自觉和学术担当，以回答中国之问、世界之问、人民之问、时代之问为己任，以"两个结合"为根本途径，高质量开展研究阐释，彰显了与伟大时代和伟大城市同频共振、同向同行的责任担当，形成了丰富研究成果。

为引领推动全市理论社科界深入开展党的创新理论研究阐释，持续推出原创性、有见地、高质量研究成果，上海市委宣传部组织开展了"党的创新理论体系化学理化研究文库"建设。具体编纂中，文库聚焦习近平新时代中国特色社会主义思想的"原理体系"和"上海实践"两大核心内容，既强化整体性系统性研究，又注重从不同领域深入阐释；既提炼、解读标识性概念，又加强重大现实问题研究；既运用各学科资源呈现理论学理深度，又立足上海实际反映实践厚度，从而形成体现历史逻辑、理论逻辑、实践逻辑相统一的研究成果。

实践发展未有穷期，党的理论创新永无止境。在以中国式现代化推进中华民族伟大复兴的新征程上，在上海加快建设具有世界影响力的社会主义现代化国际大都市的砥砺奋进中，实践发展为理论创新打开了广阔的空间，也对党的创新理论体系化学理化研究阐释提出了新的更高要求。衷心希望上海理论社科界始终坚持与时俱进的理论品格，秉持"思想精耕"的卓越匠心，深潜细研、守正创新，不懈探索实践，以更加丰硕的成果回应时代、回馈人民，为推进马克思主义中国化时代化作出新的更大贡献！

中共上海市委常委、宣传部部长　赵嘉鸣

2025 年 5 月

目录

第一章

更高起点建设"五个中心"是新时代上海承担的国家使命

加快建设"五个中心",是党中央对上海城市的总体定位和上海的重要使命,是上海在国家现代化经济体系中的定位要求,是上海完整、准确、全面贯彻新发展理念,推动高质量发展的主攻方向。这既是在中国新的经济社会发展阶段上,习近平总书记和党中央高瞻远瞩,基于改革开放引领示范需要提出的新要求。在国际国内新形势和全球科技发展趋势的大背景下,上海面对的新挑战,将鞭策促进上海不断提升城市能级和核心竞争力。

一、新发展格局下上海"五个中心"建设的新要求

在新时代新征程,习近平总书记提出了以高质量发展为核心、以人民为中心的发展愿景,强调创新驱动、协调均衡、绿色低碳、开放共享的发展要求。这不仅是我国迈向社会主义现代化强国的必由之路,也为上海的战略定位赋予了新的时代内涵与国家使命,上海需要在新时代我国经济高质量发展、科技自立自强、深化改革开放、提升城市治理现代化水平等方面发挥引领和示范作用。这也意味着,新时代上海需要有更高目标、更高标准和更好水平,上海"五个中心"建设需要承载更多服务国家战略、体现国家竞争力的重要内容。

（一）习近平总书记对上海"五个中心"建设的战略擘画

习近平总书记对上海的发展作出了高瞻远瞩的战略擘画，为上海在新时代的发展指明了方向。他多次强调，上海要"当好全国改革开放排头兵、创新发展先行者"，并对上海建设国际经济、金融、贸易、航运、科技创新"五个中心"提出了明确要求。

早在2014年5月，习近平总书记在考察上海时指出，科技创新已成为提高综合国力的关键支撑，要求上海加快向具有全球影响力的科技创新中心进军。他强调，上海要当好全国改革开放排头兵，不断提高城市核心竞争力。根据习近平总书记重要指示精神，上海明确了建设具有全球影响力的科技创新中心的战略定位。[1] 2017年，国家进一步明确了上海"五个中心"的功能定位，要求上海在国际经济、金融、贸易、航运和科技创新等领域发挥引领作用。

2019年11月，习近平总书记在考察上海时对"五个中心"建设作出重要指示：要推动经济高质量发展。强化全球资源配置功能，积极配置全球资金、信息、技术、人才、货物等要素资源，以服务共建"一带一路"为切入点和突破口，加快提高上海金融市场国际化程度。要强化科技创新策源功能，努力实现科学新发现、技术新发明、产业新方向、发展新理念从无到有的跨越，成为科学规律的第一发现者、技术发明的第一创造者、创新产业的第一开拓者、创新理念的第一实践者，形成一批基础研究和应用基础研究的原创性成果，突破一批"卡脖子"的关键核心技术。要强化高端产业引领功能，坚持现代服务业为主体、先进制造业为支撑的战略定位，努力掌握产业链核心环节、占据价值链高端地位。要强化开放枢纽门户功能，坚持以开放

---

[1]《上海加快向具有全球影响力的科技创新中心迈进》，《人民日报》2024年6月9日。

促改革、促发展、促创新，勇敢跳到世界经济的汪洋大海中去搏击风浪、强筋壮骨。[1]

2023年12月，习近平总书记在上海考察时强调，加快建设"五个中心"是党中央赋予上海的重要使命。他指出，上海要以此为主攻方向，统筹牵引经济社会发展各方面工作，坚持整体谋划、协同推进，重点突破、以点带面，持续提升城市能级和核心竞争力。他强调，上海要以科技创新为引领，加强关键核心技术攻关，促进传统产业转型升级，加快培育世界级高端产业集群，加快构建现代化产业体系，不断提升国际经济中心地位和全球经济治理影响力。在金融领域，习近平总书记要求上海加强现代金融机构和金融基础设施建设，实施高水平金融对外开放，更好服务实体经济、科技创新和共建"一带一路"。他还强调，上海要深入实施自由贸易试验区提升战略，推动国际贸易中心提质升级。在航运方面，他指出，上海要加快补齐高端航运服务等方面的短板，提升航运资源全球配置能力。习近平总书记明确要求上海要推进高水平人才高地建设，营造良好创新生态，要加强同长三角区域联动，更好发挥辐射带动作用。[2]

2025年4月29日，习近平总书记在上海考察时再次强调了上海肩负的历史使命，明确指出上海承担着建设国际科技创新中心的历史使命，要以服务国家战略为牵引，抢抓机遇，不断增强科技创新策源功能和高端产业引领功能，加快建成具有全球影响力的科技创新高地。[3]

---

[1]《习近平：城市是人民的城市，人民城市为人民》，《人民日报·海外版》2019年11月4日。

[2]《聚焦建设"五个中心"重要使命　加快建成社会主义现代化国际大都市》，《人民日报》2023年12月4日。

[3]《上海承担建设国际科技创新中心历史使命　加快建成具有全球影响力的科技创新高地》，《解放日报》2025年4月30日。

习近平总书记关于上海发展的系列重要讲话和战略部署，深刻体现了党中央对上海的高度重视和殷切期望，也为上海在新时代推动高质量发展、服务国家战略提供了根本遵循和行动指南。站在"两个一百年"历史交汇点上，上海"五个中心"建设不仅是一项城市功能提升的工程，更是一项关系国家现代化进程和全球竞争力重构的战略使命。总书记提出的"当好全国改革开放排头兵、创新发展先行者"的重要要求，为上海发展确立了更高标准与更广阔的目标图景。

习近平总书记对上海发展的战略擘画，其核心主线可以归结为"聚焦国家战略、提升全球能级、服务全国大局"。科技创新中心是上海提升全球影响力的基础性支撑，经济中心是汇聚全球资源的功能中枢，金融中心是服务国家金融安全与深化改革的战略高地，贸易中心是畅通内外双循环的关键节点，航运中心则是增强国家海洋经济能力和全球资源配置能力的重要平台。总书记指出的"四个强化"与"四个坚持"，构成了新时代上海"五个中心"建设的系统性思路和实践路径，既有理念升华，也有制度设计，既有现实把脉，也有未来愿景。

习近平总书记强调，强化全球资源配置功能、强化科技创新策源功能、强化高端产业引领功能、强化开放枢纽门户功能，这深刻体现了在全球动荡变革中，中央赋予上海以战略支点地位的系统思考。这不仅要求上海在科技、金融、产业、航运等领域实现"从跟跑向领跑"的跨越，更要求其在制度创新、要素流通、全球连接、规则制定等方面勇于当先。2023年总书记提出的"以点带面、统筹牵引"，进一步明确了"五个中心"不是各自为战的单项功能构建，而是需要以科技创新为引领，实现多功能融合、跨领域协同、城市整体跃升的集成化推进。

习近平总书记对上海提出的提升城市能级与核心竞争力、加强与长三角区域协同联动等要求，也揭示了上海在国家区域发展格局中的枢纽地位。上海不只是一个地方性的城市，更是承载国家意志、承担国家战略任务的"改革试验田"和"制度策源地"。因此，上海必须站在国家和全球的高度谋划城市功能建设，打造具有全球影响力的资源配置平台、科技创新高地与制度创新前沿阵地。

展望未来，上海必须继续坚持以习近平总书记重要讲话精神为指引，全面贯彻新发展理念，主动服务构建新发展格局，才能不负党中央的重托与人民的期盼。在全面深化改革和扩大高水平开放的进程中，上海应不断探索具有全球竞争力的城市治理新机制、开放合作新模式和高质量发展新路径，推动"五个中心"建设迈上新台阶，为实现中华民族伟大复兴的中国梦贡献上海智慧与力量。上海，必将在习近平总书记擘画的战略蓝图引领下，坚定不移走在新时代改革发展最前列。

（二）中央赋予上海"五个中心"建设的战略任务

作为中国改革开放的前沿阵地，上海不仅要在国内经济循环中发挥龙头带动作用，还要在全球竞争格局中扮演更重要的角色。围绕习近平总书记和党中央对上海的"五个中心"建设提出的战略要求，新时代上海"五个中心"建设的战略任务也日趋明确。

科技创新中心建设是上海"五个中心"建设的基础，面对全球科技竞争加剧的情况，党中央要求上海强化原始创新能力，加快突破"卡脖子"技术瓶颈，推动科技自立自强。2016年4月发布的《国务院关于印发上海系统推进全面创新改革试验加快建设具有全球影响力科技创新中心方案的通知》对上海科技创新中心建设作出部署，提出围绕"创新驱动发展转型"，以破解创新体制机制障碍为主攻方向，通过系统的改革试验加快建设国际科技创新中心。主要内容包括：建设国家科学中心、布局重大科技基础设施、优化科技成果转化平台、实施原始创新突破项目、鼓励大众创业等。支持举措如：加强与国家战略科技力量协同；完善重大共性技术研究平台，加快集成电路、生物医药等产业创新；放宽创新企业和研发机构制度限制，激发科技人才和企业创新活力。上海在承担国家战略科技力量建设方面责任重大，既要发挥已有的科研基础设施优势，又要聚焦前沿科技领域，提升基础研究和应用研究的协同创新能力。国家赋予上海的任务不仅在于科技研发本身，更在于打造一个世界级的科技创新生态系统。张江科学城、合成生物研究中心等重大科技平台的建设，既是对上海科技创新能力的肯定，也意味着上海必须在关键核心技术攻关上取得更多突破，努力成为全球科技创新的重要策源地。在此过程中，上海需要不断优化科研管理体制，强化企业在创新体系中的主体地位，完善成果转化机制，推动科技与产业的深度融合，为全国科技创新体系的完善提供有力支撑。

国际金融中心建设是上海提升全球影响力的关键任务。党中央要求上海加快推动金融市场高水平开放，增强金融服务实体经济的能力，提升人民币国际化水平。2025年1月，中国人民银行、国家商务部、银保监会、中国证监会、国家外汇局等部门联合发布《关于金融领域在有条件的自由贸易试验区（港）试点对接国际高标准推进制度型开放的意见》，提出金融领域20条开放创新措施。文件明确在上海自贸试验区等先行先试地区允许外资金融机构开展与中资同类的新金融服务，规定金融机构审批申请在120天内完成，简化外资银行、证券、基金公司设立审批流程；支持跨境购买部分境外金融服务；加快人民币跨境使用和跨境资金双向流动安排等。这些政策大幅提高上海国际金融中心和贸易中心的开放水平，如建立更快审批流程、扩大金融产品开放、支持跨境金融基础设施（融资租赁跨境转让、贸易融资支持等），有效增强上海金融市场和金融服务的国际竞争力。上海在金融市场体系、金融产品创新、跨境金融服务等方面已有深厚基础，但在全球金融治理和市场定价权方面仍需进一步提升。中央赋予上海金融中心建设任务，不仅在于打造全球领先的金融市场，更在于推动金融创新、加强金融监管、优化金融生态，使上海成为全球金融体系的重要组成部分。人民币国际化进程的加速，要求上海在跨境人民币业务、金融基础设施建设、国际结算中心等方面承担更多探索任务，为中国金融体系的国际化发展提供支撑。同时，绿色金融、科技金融、普惠金融的发展，也是上海必须承担的国家战略任务，确保金融体系能够有效服务实体经济，为国家经济发展提供更坚实的金融支撑。

国际贸易中心建设是上海链接国内国际市场、构建双循环格局的重要支点。党中央要求上海不仅要巩固在全球贸易体系中的地位，还要推动贸易模式创新，提升贸易质量和效率。2023年11月国务院印发《全面对接国际高标准经贸规则推进中国（上海）自由贸易试验区高水平制度型开放总体方案》，明确支持上海自贸试验区对接国际高标准经贸规则，推进高水平制度型开放。这一文件通过提升上海开放型经济体制，为建设国际贸易中心提供制度保障，推进贸易便利化升级，增强上海国际贸易枢纽功能。在全球贸易规则加速演变、数字贸易迅猛发展的背景下，上海需要加快推动服务贸易、数字贸易、跨境电商、离岸贸易等新业态发展。中央赋予上海的重要任务之一，就是建设"丝路电商"合作先行区、进口贸易促进创新示范区等重大平台，以更高水平的制度创新支撑国际贸易体系升级。面对全球供应链重构，上海还需要提升供应链管理能力，打造全球供应链枢纽，推动中国在全球贸易体系中占据更大主动权。此外，上海在全球贸易治理体系中的角色也在不断变化，需要进一步参与全球经贸规则制定，提高国际话语权。

自贸试验区建设同样是上海承接国家重大战略任务的重要载体，也是其深化改革和扩大开放的前沿阵地。2017年3月，《国务院关于印发全面深化中国（上海）自由贸易试验区改革开放方案的通知》提出要全面对标国际高标准规则，深化上海自贸试验区改革开放，加快构建开放型经济新体制。文件特别强调要加强与上海国际金融中心和具有全球影响力的科技创新中心建设的联动，通过贸易和投资自由化便利化等举措，提升上海贸易中心功能，为上海国际贸易中心建设提供制度支撑和改革动力。上海自贸试验区的设立，不仅是国家推进高水平开放的重大举措，也为上海探索制度创新、贸易便利化、金融开放等提供了制度试验田。自贸试验区建设的持续深化，尤其是临港新片区的建设，意味着上海要在跨境资金流动、国际贸易规则对接、数据跨境流动等领域探索更具突破性的制度创新。这不仅要求上海在贸易便利化和投资自由化方面取得更大进展，更要为全国乃至全球提供可复制、可推广的经验。通过深化自贸试验区改革，上海能够加快建设更具吸引力的国际营商环境，推动更多国际资本、企业和人才集聚，提升其在全球经济体系中的竞争力。

国际航运中心建设是上海服务国家战略、提升全球资源配置能力的重要支撑。面对全球港航格局重构和海运产业绿色智能转型趋势，党中央要求上海增强航运服务功能，巩固国际航运枢纽地位，加快建设具有全球影响力的航运资源集聚地。早在2009年4月国务院就发布了《关于推进上海加快发展现代服务业和先进制造业建设国际金融中心和国际航运中心的意见》。该意见强调在应对国际金融危机关键时期，要加快发展上海现代服务业和先进制造业，加快建设国际金融中心和国际航运中心。明确指出建设上海国际金融、国际航运中心是我国现代化建设和继续推进改革开放的重要举措，对优化上海产业结构、提升金融服务实体经济能力、增强航运枢纽地位具有重要指导意义。2013 年 9 月，国家交通运输部会同上海市政府发布《关于落实〈中国（上海）自由贸易试验区总体方案〉加快推进上海国际航运中心建设的实施意见》，明确从扩大开放水平、创新航运政策、拓展中心功能、提升服务水平、加强基础建设五个方面推动上海国际航运中心建设。具体举措包括：在上海自贸试验区引入外资船舶运输和管理企业，突破船舶登记外资股比限制；利用自贸试验区金融、贸易开放政策发展航运金融、保险、交易等现代航运服务业；探索外贸集装箱在国内港口与上海港的中转业务；支持邮轮产业发展，设立邮轮基金；加快建设国际航运服务平台，完善港口联运和长江水道通航保障等。上海作为我国海运贸易的门户城市，肩负着打造世界一流航运中心的使命，必须发挥港口通道、航运服务、规则制度等综合优势，推动航运产业链与价值链高端延伸。国家赋予上海的任务不仅在于提升港口吞吐量，更重在构建具有强大配置力和辐射力的航运服务体系。洋山深水港、北外滩航运总部基地等重大建设，是对上海航运功能的高度认可，也对其在国际航运规则制定、航运金融创新、绿色航运发展等方面提出更高要求。为此，上海需要深化航运治理体系改革，推动航运金融、仲裁、保险等高端服务发展，优化航运人才培养机制，建设高效便捷、开放透明的营商环境，全面提升全球航运资源配置能力，助力国家深度融入全球海洋经济体系。

从国家战略高度看，上海所承担的这些重大任务，不仅关乎自身的发展，更关乎国家经济社会发展的全局。在新发展格局下，党和国家领导人要求上海通过深化"五个中心"建设，推动国家经济高质量发展，增强国际竞争力，提升全球治理影响力。因此，上海必须在改革开放、科技创新、产业升级、金融创新、国际贸易等方面持续深化探索，以更强的战略定力、更大的创新力度、更高水平的对外开放，完成党和国家赋予的历史使命，为中国式现代化建设作出更大贡献。

（三）更高起点建设"五个中心"是上海推动自身高质量发展必然选择

推动高质量发展、加快"五个中心"建设，是上海自身发展的战略选择。面对新时代新挑战，上海必须勇担使命，坚持稳中求进、以进促稳、先立后破，依托改革开放和科技创新推动经济高质量发展，不断提升全球资源配置能力，优化营商环境，促进供需协同，持续增强国际竞争力和全球影响力，为中国式现代化建设贡献更大力量。

加快"五个中心"建设是上海推动高质量发展的主攻方向，必须在全球资源配置能力上实现突破，增强城市在国际经济体系中的核心影响力。当前，世界经济深度调整，全球产业链、供应链、创新链正在发生重大重构，国际竞争格局日趋复杂。在这一背景下，上海必须充分发挥自身的区位优势、开放优势、市场优势，持续强化在国际经济治理中的作用，提升对全球高端资源要素的吸引力和配置能力。要加快建设现代化产业体系，依托科技创新提升产业链的自主可控能力，以数字经济、绿色低碳等新兴领域为突破口，抢占全球未来产业发展制高点。要充分发挥总部经济的辐射带动作用，吸引更多跨国企业、国际金融机构和高端服务业机构落户上海，使其成为全球资本、技术、人才的汇聚地，推动产业链、创新链、价值链向高端迈进。

作为改革开放的前沿城市，上海必须继续发挥试验田和示范区的作用，以更大力度推动制度创新，构建更加市场化、法治化、国际化的一流营商环境。要坚持高水平对外开放，围绕自贸试验区、临港新片区、自贸港等开放高地，深化金融、贸易、投资等领域的制度型开放，率先对接国际高标准经贸规则，打造全球投资和贸易的最佳目的地。要通过优化政策体系、加强知识产权保护、完善跨境数据流动规则，提升对国际企业和投资者的吸引力，使上海成为全球资本市场、科技创新、现代服务业的重要枢纽。与此同时，要加快推动政府职能转变，深化"放管服"改革，提升行政效率，优化政务服务，激发市场主体活力，促进各类经济要素的高效流动和优化配置。

供需两侧协同发力是推动产业升级、培育新增长点的重要抓手。当前，全球经济增长动能转换加快，传统增长模式面临挑战，只有加快推进供给侧结构性改革，增强经济发展的内生动力，才能确保长期竞争优势。要深化科技创新与产业发展的融合，推动人工智能、集成电路、生物医药等关键领域的技术突破，加快形成新质生产力。要依托上海的科创资源优势，强化基础研究和前沿技术布局，支持企业加大研发投入，促进创新成果的市场化应用，构建创新链、产业链、资金链、人才链协同发展的创新生态。

消费和投资作为经济增长的重要支撑，需要在扩大有效需求的同时优化供给结构。要大力推动消费升级，依托上海国际消费中心城市的优势，积极拓展数字消费、绿色消费、文化消费等新消费模式，构建更加完善的现代消费体系。要加快新型基础设施建设，推动交通、能源、信息等领域的重大工程落地，发挥重大项目对经济增长的牵引作用，提升投资的有效性和精准性。要加强与长三角地区的联动，深化区域一体化合作，提升产业链供应链的韧性和安全水平，在更广范围内优化资源配置，构建具有全球竞争力的现代产业体系。

上海在推进"五个中心"建设的过程中，必须注重统筹兼顾，既要在高端产业布局和前沿科技创新上取得突破，也要兼顾传统产业的升级改造和新兴经济模式的发展，确保经济增长的稳定性和可持续性。要注重把握发展节奏，在改革开放、科技创新、产业升级等方面坚定推进，同时加强风险管控，确保在经济结构调整过程中保持社会的稳定和经济的持续增长。要围绕国家战略，进一步发挥上海的辐射带动作用，推动长三角一体化发展，为全国经济增长提供更强动力。

二、"五个中心"建设面临的新形势

目前，上海正面临纷繁复杂的国际国内形势和新一轮科技革命和产业变革带来的压力。"找准根节、设计制度、创新突破"，形成政府、市场、社会"更密切、更高效的良性互动，进而释放更大活力"[1]，为我国的改革开放开辟广阔前景。

（一）全球资源配置的新趋势与结构性调整

1. 全球对高端资源的争夺日益激烈

当前，全球高端资源竞争已从传统自然资源（石油、稀土等）扩展至人力资源、技术创新、知识产权等战略领域。竞争主体由企业扩展至国家及区域联盟，形成全方位争夺态势。美欧等西方国家以安全、"去风险"为由，在贸易、投资、产业发展等方面对中国采取"小院高墙"策略，全球产业链、供应链加速重构，经济全球化的分工逻辑从效率导向转变为安全与效率并重。国际分工体系趋于区域

---

[1]《聚力主攻方向，加快建设"五个中心"》，《解放日报》2023年12月6日。

化、同盟化。全球对资金、人才、资源等生产要素的竞争持续加剧，上海正面临持续升级的全方位资源竞争，发展空间遭遇双重挤压。上海在全球产业链、价值链中低端环节，面临低成本地区的竞争压力，在高端环节则面临发达国家产业回流的巨大挑战。

2. 区域内资源流动加速

受到地缘政治、经济政策、环境保护、科技进步等多方面因素的影响，国际资源配置范围逐步向区域内收缩。过去几十年，全球化进程推动了国际资源的自由流动，企业通过跨国供应链优化资源配置，实现成本效益最大化。然而，随着全球化的深入，国际贸易关系变得愈加复杂，贸易摩擦频发，经济不确定性持续走高。近年来，区域经济一体化进程加速，许多国家通过自由贸易协定、经济合作组织等方式，加强区域内的经济联系，将关键资源配置范围从全球收缩至域内。国际资源配置范围向区域内收缩转换加剧全球市场的分割，增加国际经贸环境的复杂性。

3. 数智化技术为全球资源配置深度赋能

大数据、人工智能等数智化技术的推广应用极大提升了资源获取、交易、管理等环节的配置效率。以数智化交易平台为例，依托大数据、算法，资源交易流程得以极大简化、优化。传统的资源交易往往需要经过烦琐的手续和多层级中介机构，不仅增加了交易成本，也延长了交易时间。而数智化在线交易系统实现了信息的即时传递和处理，极大缩短交易周期。平台集成支付、物流、合同管理等功能，通过一站式服务大大简化交易流程。交易双方通过平台发布需求或资源信息，迅速找到潜在交易方，资源流动性显著提升，市场即时反馈机制完善。资源供需双方精准匹配度得到极大提升，利用大数据分析与人工智能算法等技术，交易平台对用户的需求与资源进行深度挖掘和分析，提供个性化的推荐服务，减少了盲目搜索和信息筛选成本。资源交易的透明度、安全性得到更有力的保障。传统交易中信息不对称往往导致交易双方信任缺失，增加交易风险。而数智化平台通过区块链等技术，保证了数据交易记录的不可篡改与可追溯，极大降低了交易双方信任成本。数智化平台也大幅降低了资源交易的参与门槛。传统交易往往局限于大规模企业或特定行业参与者，数智化平台则允许中小企业甚至个人参与全球资源配置。

4. 资源绿色循环受到更高重视

全球经济的持续发展引发了"资源短缺"相关问题，随着全球范围内公众对可持续发展理念的持续关注，各国资源获取与配置不仅要考虑经济效益，更需兼顾环境保护与社会责任，从人口、生态、社会及经济发展的多重视角出发，积极寻求解决资源短缺的多样化策略，并提出了可持续性发展、循环经济以及资源高效使用等理念，推动了资源争夺内涵与外延的变化。德国打造"双元回收系统"，以生产者责任为核心，构建生活与工业废弃物回收网络；美国构筑"循环消费模式"，依托二手平台延长产品生命周期；日本采取立法驱动模式，通过《循环型社会形成推进基本法》明确多方责任；丹麦依托工业园区，推广"生态工业园模式"，促进企业间废物协同利用，形成闭环产业链。

（二）全球科技创新的范式转型与策源功能升级

1. 颠覆性技术创新向可及性倾斜

颠覆性技术正以前所未有的速度和规模创造和蔓延，创新的重点逐渐从单纯的技术突破转向可及性。不仅包括物理上的可达性，如基础设施的建设和网络的覆盖；还包括经济上的可负担性，如价格的合理性和融资的便利性。比如无人驾驶技术日益成熟，传统汽车及交通行业面临颠覆。中国百度、小鹏、华为的无人驾驶汽车已投入运营；美国谷歌无人驾驶汽车项目 Waymo 在旧金山投放无人驾驶出租车，特斯拉、优步等公司的自动驾驶相关产品也已路测。

2. 科研范式和科研组织方式进一步变革

科技研发与应用结合更加紧密，创新活动不断向下游延伸，"生产"成为继"研究""发展"后的第三创新环节；"科学发现—技术发明—商业化应用"距离日益缩短，"市场需求—技术需求—科学突破"的反向互动更加明显；研发范式不再单纯遵循线性模式，而更多走向多向发力。跨学科协作不断深化，面对复杂的社会问题和科学挑战，跨学科研究成为一种新的趋势，科研人员具有不同学科背景，通过合作，整合各自的知识和技能，形成更为全面的研究视角。组织架构向扁平化方向发展。传统的科研机构往往采用层级管理模式，决策过程冗长且复杂。而现代科研组织越来越倾向于扁平化管理，以提高决策效率和响应速度。

3. 大国竞争加速技术变迁和跃升

随着科技的迅猛发展，国家间的技术竞争已成为推动技术变迁和跃升的重要动力。掌握关键技术不仅能够提升自身的竞争力，还能够在国际事务中占据主动。因此，各国纷纷加大对科技研发的投入，以确保在关键领域的技术优势。在技术变迁的过程中，国家竞争还体现在技术标准的制定上，技术强国通过巨额研发投入争夺技术标准主导权。技术变迁也加速了全球产业链的重构，大国通过控制关键技术和核心部件，占据全球价值链高端环节，主导全球产业分工、竞争格局。

4. 场景驱动加速科技应用和迭代升级

第一，快速迭代与反馈机制，企业通过收集和分析用户数据，更好地理解市场需求和用户行为，从而为技术迭代提供依据。第二，需求导向的技术开发，企业进行技术研发时越来越多地以具体的应用场景为导向，提高产品的市场适应性和用户满意度。例如，在智能家居领域，企业通过分析用户的使用习惯和需求，开发出更符合用户期待的智能产品。第三，跨界合作与生态构建，场景驱动的理念促使不同领域的企业进行跨界合作，共同构建应用生态。例如，在智慧城市建设中，科技公司、政府机构和社会组织可以联合开发解决方案，形成协同效应，推动技术在城市管理、交通运输、公共安全等领域的应用。

5. 科技安全问题催生传统治理体系变革

人工智能、量子、生物等前沿科技飞速进步对人类生产生活的渗透和介入趋于深入，对既有的劳动关系、法律制度、社会伦理造成不同程度的冲击。一是生成式人工智能（AI）引发的信息安全等问题日益突出。随着应用的普及，生成式 AI 引发的信息造假、网络安全问题随之指数级增加。二是具身智能的治理问题。人形机器人技术日趋成熟，可在很多领域替代人类，对经济社会渗透性逐步增强，非人类行为体将出现，对其责权界定将成为科技治理的新挑战。三是无人驾驶监管问题。无人驾驶将进入大规模商业推广阶段，对交通立法与治理提出了新挑战。四是生物安全风险提升。人工智能技术改变了生物技术研发范式，在极大提升研发效率的同时，也大大降低了基因编辑、合成生物学的知识门槛，提高了恶意使用概率。

（三）全球高端产业的转型趋势与引领功能演进

高端产业是指在技术、创新和附加值方面处于领先地位的产业，这类产业依赖先进技术和复杂工艺进行生产，能够推动新技术、新产品及新服务的研发，具有较高的市场价值和全球竞争力。随着新一代科技革命深入推进，数字化和智能化成为产业发展的核心趋势，人工智能、物联网、云计算等数字技术的应用推动了生产过程的智能化和产品功能的个性化。同时，面对日益严峻的环境挑战，全球可持续发展需求不断增长，高端产业不断增加其在环保和节能领域的投入，向绿色化与低碳化转型。此外，产业间的融合也在不断深化，跨界合作成为常态，制造业服务化、服务型制造逐渐成为业界关注的焦点。

1. 数字化与智能化全方位渗透

数字化与智能化对高端产业发展的推动作用是全方位且深远的。从供需两侧来看，供给侧变革主要体现在传统制造业的数字化转型、战略性新兴产业的智能化赋能、服务业的数字应用创新；从需求侧来看，高端产业引领的数字化与智能化深刻改变了消费模式、基础设施建设和国际贸易。

在传统制造业中，数字化转型通过引入自动化和智能化技术提升生产效率和产品质量，普及数字化研发设计工具，加速产业间的合作研发。在战略性新兴产业中，一方面，数字化、智能化做大了新兴产业"增量"，如工业机器人、工业软件、人工智能和集成电路等产业的规模扩张；另一方面，物联网、大数据等技术有助于加速新兴产业的突破式创新，帮助新兴产业"提质"。服务业的数字化转型也正在加速推进，数字化转型有助于克服传统服务业的"成本病"，推动服务向"数据驱动"转型，精准提升服务质量。通过完善数据标准和建立专用数据网络，服务业的数据创造和采集规模得以扩展，数据价值被进一步释放。在实际应用中，产业互联网平台为全产业链提供数字化服务，推动了生产性和生活性服务业的转型。例如，医疗领域通过AI助手大幅缩短就医时间，提升了效率。数字化还催生了新业态、新模式，如文旅行业利用大数据和智能技术提供增强现实（AR）沉浸式旅游，提升游客体验。通过提高数字化管理水平并加强监管协作，服务业的生态体系得到了优化。

在需求侧，数字化正在深刻改变消费模式、基础设施建设和国际贸易，推动经济的高质量发展。首先，数字化推动了消费需求的个性化和多样化，尤其在定制消费领域，用户通过数字生态系统突破了传统企业供给的限制，能够根据个人偏好自由选择并组合产品性能，体现了"长尾效应"。这一变化提升了品牌的用户黏性，促进了定制化服务的市场扩展，进一步激发了数字化生态的活力。其次，数字基础设施建设为激发数字经济发展新动能提供了强大支持。我国已建成规模最大、覆盖最广、技术领先、性能优越的网络基础设施，实现了"村村通宽带"，并显著提升了宽带网络的下载速率。截至2024年底，我国5G基站总数达425.1万个，5G基站占移动电话基站总数达33.6%，较上年末提升4.5个百分点。[1] 最后，全球数字贸易迅速增长，成为国际贸易的重要组成部分。全球数字贸易在2023年总额达7.13万亿美元，年均增长率为8.8%。中国在全球数字贸易中占据领导地位，尤其是在数字订单贸易量方面位居首位。2024年前三季度，中国的数字服务进出口达到2.13万亿元，跨境电商进出口达到1.88万亿元，创下历史新高。

2. 绿色化与低碳化转型提速

2024年全球清洁能源发电占比超过40%[2]，显示出低碳能源的快速普及和绿色技术创新的关键作用。我国也在新能源领域取得了显著进展，成为全球领先的光伏和风能产业大国。推广新能源汽车也是

[1]《2024年通信业统计公报》，中华人民共和国工业和信息化部官方网站，2025年1月26日。

[2]《英智库报告：2024年全球清洁能源发电占比超40%》，新华网，2025年4月8日。

低碳化的重要措施，政府通过财政补贴和购车优惠等政策引导消费者购买新能源汽车，显著推动了新能源汽车产业的快速发展。截至2024年底，我国新能源汽车保有量达3140万辆，占全国汽车总量的8.9%，[1]新能源汽车产销量占全球市场份额的70%以上。

在供给侧，绿色技术创新和清洁能源的供给是实现减排节能目标的关键。为了支持低碳化转型，欧盟通过"创新基金"推动高污染行业进行绿色转型，投资清洁能源项目；美国通过《通胀削减法案》，投入3690亿美元，支持绿色能源发展。此外，各国政府还在绿色制造和节能技术方面给予国内企业政策支持，推动传统产业向绿色低碳方向转型。我国在光伏和风电领域实现了技术突破，成为全球太阳能光伏组件和风电装机容量最大的生产国，工业发展的生态底色越来越鲜亮。截至2024年底，我国国家级绿色工厂达到6430家，实现产值占制造业总产值比重约20%。[2]2013—2023年，我国碳排放强度下降34.4%，以年均3%的能耗增速支撑了年均6.6%的GDP增长。[3]

在需求侧，绿色消费和低碳出行的需求不断增长。各国政府通过政策激励，如税收优惠和补贴政策，引导消费者选择绿色产品和服务。我国通过倡导绿色出行，推动低碳交通系统建设，推广公共交通、自行车及步行等方式，鼓励公民降低碳足迹。国际上，欧盟通过《欧洲绿色新政》鼓励消费者优先选择绿色产品；美国通过绿色金融工具推动绿色消费和生产，推动绿色低碳生活方式的普及。

---

[1]《超3000万辆新能源车奔跑在中国道路上》，新华网，2025年1月17日。

[2]《国务院新闻办"中国经济高质量发展成效"系列发布会：介绍大力推进"新型工业化　推动经济高质量发展"有关情况》，中国政府网，2025年1月22日。

[3]《迈向绿色未来　新京报零碳研究院发布〈2024绿色发展报告〉》，新京报网，2024年12月24日。

3. 融合化发展深入推进

随着全球经济形势的变化和技术进步，产业之间的边界逐渐模糊，产业融合成为推动经济发展的重要力量。信息技术、数字化技术及智能化技术的快速发展，使得传统产业与服务业、制造业与其他行业的融合日益加深。从制造业服务化到高科技产业的交叉渗透。产业融合推动了产业结构的转型升级，催生了新的商业模式和生产方式。

在供给侧，服务业与制造业的深度融合成为产业发展的关键。自20世纪六七十年代以来，发达国家便开始推动制造业向服务领域渗透，形成了制造业服务化的趋势。这一趋势通过数字化和信息化逐步发展，制造业企业进入产品设计、研发、售后服务等领域，逐渐转型为"产品＋服务"解决方案的提供者。随着技术的不断进步，制造业能够通过服务提升附加值，改善客户体验，甚至帮助客户优化其业务流程。例如，美国的"先进制造伙伴关系"（AMP）旨在通过公共和私人部门合作，促进制造业与服务业的深度融合，推动制造业的创新与转型。中国的工业互联网、智慧制造和服务型制造也取得了显著进展。制造企业如华为、比亚迪、宁德时代等，已经成功推动了制造业向更高附加值的服务领域延伸，形成了"产品＋服务"的全链条商业模式，进一步加速了产业融合进程。

从需求侧来看，产业融合是消费需求变化的驱动结果。随着消费者需求逐步转向定制化、个性化，催生了制造业柔性化、智能化的生产方式，企业能够通过大数据分析和AI技术预测市场需求并进行生产调整，从而提高生产效率并满足多样化需求。例如，特斯拉通过高度数字化的生产流程和智能化的汽车功能，推动传统汽车制造业与信息技术的深度融合，形成了"汽车＋智能软件"的产品形态，使得消费者不再只是购买一辆汽车，而是购买一个集成了智能服务的整体解决方案。类似的创新也出现在家电行业，海尔通过"智慧家庭"计划，结合大数据和物联网技术，推出了从智能家居到个性化家庭服务的全方位产品，使得制造和服务的融合更好地响应了市场需求，提升了整体产业的竞争力和创新能力。

（四）全球开放门户枢纽功能拓展与格局重塑

全球开放门户枢纽功能的变化和新趋势，体现了全球供应链重构与多元化、生产要素流动加速、绿色低碳经济合作与开放等方面的深刻转型。这些变化表明，枢纽功能不再局限于传统的物资贸易和物流领域，而是逐步扩展至金融、科技、信息和人才流动等多个方面。这一转变反映了全球经济合作的深化、技术创新的加速进程以及可持续发展目标在国际经济合作中的重要性。这些新趋势推动了国际贸易和跨境合作的格局重塑，进一步促进了全球经济的互联互通与协同发展。

1. 全球供应链重构与多元化

在全球经济面临地缘政治不确定性的背景下，全球供应链加速重构，呈现出多元化布局趋势，推动了全球区域性枢纽的崛起。这一变化趋势主要体现在企业日益注重降低对单一市场和地区的依赖，推动供应链的地域分散化和多元化发展，特别是在半导体、医疗设备和能源等关键领域。为了应对全球风险，各国积极推进本地化生产与多元化采购，逐步形成更加灵活且多样化的供应链网络。在全球供应链重构的过程中，传统的单一国际贸易枢纽正在转型为具有多重功能的分工型枢纽，除了承担传统的物流和贸易功能外，还进一步拓展至科技创新、金融服务、资源配置等领域，形成了功能互补的区域性开放网络。

尽管部分国家采取了贸易保护主义措施，全球对外开放的趋势并未完全倒退，反而促使各国积极寻求自由贸易协定的突破，如亚太地区的《区域全面经济伙伴关系协定》（RCEP）和《全面与进步跨太平洋伙伴关系协定》（CPTPP），以及欧洲的自由贸易协议，都为全球经济提供了持续的开放动力。随着全球经济合作框架的深化，多边合作机制如世界贸易组织（WTO）、亚太经合组织（APEC）、二十国集团（G20）等的作用愈发重要，开放枢纽的功能也在拓展。从传统的国际贸易、投资和技术交流功能，到在国际规则制定、标准对接及跨国协商等方面的积极作用，枢纽的功能创新使其成为全球治理和经济合作的关键节点。

区域经济合作成为全球经济发展的新重点，尤其在全球化面临挑战的背景下，区域贸易协定和经济联盟（如 RCEP、欧盟一体化等）的强化，推动了区域内贸易、投资和技术流动的加速，减少了对全球单一市场的依赖，促进了跨国公司在区域内的生产与创新布局。以 RCEP 为例，通过削减关税及非关税壁垒，RCEP 构建起一个庞大的统一市场，成员国之间的货物贸易享受更优惠的税率，贸易手续也大幅简化，这使得区域内的商品流通更为顺畅。新加坡凭借其优越的地理位置和完善的基础设施，在 RCEP 框架下进一步强化了自身作为区域贸易枢纽的地位，不仅连接着东亚、东南亚等地区的贸易往来，还通过高效的物流网络和金融服务，成为区域内货物、资金和信息的汇聚与分发中心。枢纽门户的互联互通，使得商品、资金、技术和人才能够在更大范围内自由流动，为全球经济的复苏与发展注入了强大动力，也为未来区域经济合作向更高层次迈进奠定了坚实基础。

2. **生产要素跨境流动加速**

随着全球经济数字化与智能化进程迅猛加速，跨境数据、资本以及国际人才等关键生产要素的流动态势，正经历着前所未有的深刻变革。这些变革有力推动了全球经济的深度交融，开放门户枢纽的功能演进产生了意义深远的影响。

在数据层面，新一代信息技术的迭代更新和数字经济的蓬勃发展对跨境数据流动提出了更高要求，海量的跨境数据流动使得开放门户枢纽成为数据汇聚与分发的关键节点。一方面，这些枢纽需要具备强大的数据存储与处理能力，以应对如潮水般涌来的数据洪流。例如，新加坡凭借先进的数据中心设施和高效的数据管理系统，能够对区域内乃至全球的贸易数据、金融数据等进行快速分析与整合，为企业精准决策提供依据。另一方面，数字平台和跨境电商的蓬勃发展，使得许多传统的开放枢纽逐步转型为数字贸易的核心平台，承担着不只是商品流通的基础功能，更包括数据流动、电子支付和数字签约等新型功能，提升了全球贸易的效率与便捷性。

在资本层面，资本流动的加速促使开放门户枢纽在全球金融资源配置中扮演着更为核心的角色。第一，枢纽城市吸引了大量金融机构的集聚，以伦敦为例，众多国际知名银行、证券交易所及金融科技公司在此设立总部或分支机构，使其成为全球金融交易的活跃中心。这些金融机构依托开放门户枢纽的政策优势和资源优势，能够更高效地调配全球资本，为不同国家和地区的项目提供融资支持，推动实体经济的发展。第二，资本流动的显著加速，也助推了全球投资自由化的发展趋势。各国对外资进入的限制逐步放宽，特别是在金融、科技以及基础设施等高端产业领域。通过强化投资协定、简化市场准入程序等举措优化外资环境，新兴市场正逐渐成为全球投资的热门区域。第三，金融服务枢纽的功能也在持续创新，除提供传统的融资、外汇交易等基础服务之外，还在绿色金融、数字货币等新兴领域，创新性地推出一系列解决方案，进一步巩固并强化了其作为全球金融中枢的重要地位。

在劳动力层面，国际人才流动的日益活跃以及高技能移民政策的不断放宽，已成为推动全球创新与产业升级的关键因素，重塑开放门户枢纽的功能。随着高端人才不断涌入，传统的开放枢纽城市成为创新思维碰撞的前沿阵地。例如，美国硅谷所在的旧金山湾区，凭借其开放包容的文化氛围和丰富的科研资源，吸引了全球顶尖的科技人才。这些高技能劳动力与当地的高校、科研机构与企业频繁交流合作，催生了大量创新成果，推动了当地科技产业的飞速发展，通过开放门户枢纽的辐射效应促进了产业的跨国协同合作与技术创新。为了留住这些优秀人才，开放门户枢纽在城市配套设施建设、教育医疗资源优化等方面不断发力，提升了自身的综合吸引力与竞争力。

3. 绿色低碳合作深化

随着全球气候变化问题的日益严峻，绿色低碳经济成为全球对外开放和国际合作的重要议题。各国在推进本国经济可持续发展的过程中，纷纷加强在气候变化协议、绿色金融、清洁能源等领域的跨国协作。绿色技术的出口、低碳产品的贸易以及清洁能源合作等，已成为国际贸易和经济合作中的新亮点，推动了绿色产业的快速发展和绿色供应链的跨境流动。同时，绿色贸易壁垒逐步削减，国际社会对低碳产品和绿色技术的政策框架和标准逐渐达成共识，为全球绿色低碳经济的开放提供了政策支持和市场基础。

在这一背景下，绿色低碳枢纽的建设成为推动全球绿色经济合作和可持续发展的关键举措。通过引入低碳物流、绿色能源供应链、绿色金融服务等元素，绿色低碳枢纽增强了其在全球绿色经济中的竞争力。绿色港口和绿色航空枢纽是绿色低碳枢纽的典型代表。全球各大港口和机场正逐步实施低碳化转型，推动船舶和航空器的低碳排放技术应用,并通过优化航运和航空物流路线,减少碳足迹。例如,港口引入新能源船舶和绿色物流设备,减少传统能源消耗和碳排放;航空枢纽通过发展绿色航空技术和可持续燃料技术,促进低碳航空运输体系的建设。

随着全球低碳经济的逐步深化,绿色贸易政策和国际标准的统一也为绿色低碳枢纽的建设提供了更多的政策保障和市场支持。世界各国在绿色贸易方面的合作,推动了绿色产品和技术的标准化和规范化,降低了绿色产品跨境贸易的壁垒。这一趋势使得绿色产品和服务的流动更加高效和便捷,推动了全球绿色低碳产业的集聚与发展。此外,绿色金融服务在绿色低碳枢纽中的作用愈发突出。随着绿色金融市场的不断发展,绿色债券、碳交易、绿色基金等金融工具成为推动绿色投资和绿色产业发展的重要支撑。金融枢纽如香港、新加坡、伦敦等地,正通过提供绿色金融产品、服务以及低碳项目融资支持,成为全球绿色经济的资金集散地和投资平台。绿色金融的流动性和资本的有效配置,为低碳项目和绿色技术创新提供了资金支持,推动了全球绿色技术的研发与推广,助力国际市场上的绿色供应链建设。

第二章

上海"五个中心"建设的
历史脉络与新时代的新起点

改革开放以来,上海的定位逐渐从"三个中心"向"五个中心"转变,这既体现出上海在不断探索中强化功能的过程,也反映了上海在改革开放过程中国际地位的提升。截至2020年,上海已经基本建成了国际经济、金融、贸易、航运中心,并形成了具有全球影响力的科技创新中心基本框架,这成为新时代上海"五个中心"建设的新起点。

一、"五个中心"定位的历史演进

(一)"三个中心"建设目标的提出

1. 地位初探:向多功能综合经济中心转型

1978年,党的十一届三中全会确立了改革开放的战略方针。作为全国经济发展龙头,上海被要求率先推动经济体制改革,成为改革开放的排头兵和国家经济发展的重要支撑力量。1984年上海完成了改革开放后第一个《上海经济发展战略汇报提纲》,之后"国务院改造振兴上海调研组"赴上海调研并联合上海市政府将汇报的提纲上报至中央,1985年国务院批复同意并向全国转发。该文件明确提出,"上海在我国经济建设中占有举足轻重的地位。它是我国最重要的工业基地之一,也是全国最大的港口、贸易中心、科技中心和重要的金融中心、信息中心。解放以来,上海在许多方面为促进全国经济的发展作出了很大的贡献。在新的历史条件下,上海的发展要走改造、振兴的新路子,充分发挥中心城市多功能的作用,使上海成为全国四个现代化建设的开路先锋";"力争到本世纪末把上海建设成为开放型、多功能、产业结构合理、科学技术先进、具有高度文明的社会主义现代化城市"。1990年,邓小平同志指出,"上海是我们的王牌,把上海搞起来是一条捷径"[1],进一步强调了上海在全国经济布局中的核心作用。

这一时期,党和国家领导人对上海的要求主要集中在两个方面:一是推进经济体制改革,探索市场化的经济运行机制;二是通过开放政策,逐步建立上海作为全国经济与国际市场对接的窗口功能。在推进改革方面,上海在全国率先试点国有企业改革,提升企业自主权,提高资源配置效率。在提升工业现代化水平上,上海重点发展技术密集型和资本密集型产业,例如电子、机械和化工行业,增强产业竞争力。这些探索为全国其他地区的经济改革提供了宝贵经验。

与此同时,上海的城市功能开始向现代化方向迈进。党和国家领导人要求上海通过基础设施建设和城市功能升级,强化其在全国经济中的辐射带动作用。为此,上海启动了多个重大基础设施项目,包括黄浦江两岸的综合开发和交通枢纽的改造,初步奠定了现代化国际大都市的雏形。通过改善城市环境和提升功能承载能力,上海为未来的发展积累了重要的资源条件。

在这一阶段,上海的主要定位以全国经济中心为主,同时承担了对外开放试点的职责。作为中国经济的工业和商业重镇,上海被定位

---

[1]《邓小平文选》第3卷,人民出版社1993年版,第355页。

为全国经济发展的"发动机"，目标是通过优化产业结构、提升经济效率，带动全国经济发展。同时，上海被赋予对外开放的窗口作用，为全国其他地区探索开放路径。作为沿海开放城市，上海吸引了第一批外资企业，初步形成了国际合作的基础。通过对外经济技术合作，上海为全国经济体制改革和对外开放战略积累了经验，并为其他沿海城市提供了可参考的模式。

改革开放初期的要求和定位，体现了党和国家对上海的深远期待。通过这一阶段的努力，上海不仅巩固了其作为全国经济中心的地位，还为未来的"五个中心"建设奠定了坚实基础。这一时期的探索和实践，标志着上海从单一的工业中心逐步向多功能综合经济中心转型，并成为中国改革开放伟大实践的重要体现。

2. **破题之举：浦东开发开放与"三个中心"建设目标**

从单一工业中心逐步向多功能综合经济中心转型，浦东开发开放成为破题的关键之举。1990年4月18日，时任国务院总理李鹏在上海代表党中央、国务院正式宣布：中央决定同意上海市加快浦东地区开发。同年6月，国务院在《关于开发和开放浦东问题的批复》中指出："开发和开放浦东是一件关系全局的大事，是我国深化改革、进一步实现对外开放的重大部署……开发和开放浦东，必将对上海和全国的政治稳定与经济发展产生极其重要的影响。"开发开放浦东首次被明确提升到国家战略的高度，为上海"三个中心"建设的提出埋下伏笔。党中央要求上海通过浦东开发开放，进一步提升城市综合功能，推动经济国际化进程，为全国改革开放探索新路径。具体而言，要求上海在经济、金融、贸易领域加快发展，建立与国际经济接轨的运行机制，逐步确立其作为国际经济中心的地位。浦东开发开放被定位为推动上海从全国服务功能向全球服务功能升级的关键突破口，其成效不仅影响上海的发展,对全国开放战略也具有标杆意义。

上海"三个中心"的建设与发展正是在浦东开发和开放的大背景下展开的。1992年初,邓小平同志发表了南方谈话,强调中国的发展处于国内条件具备、国际环境有利的难得机遇期,必须发展且不能发展得太慢,鼓励发达地区保持活力,尽可能搞快点,要求上海浦东开发搞得现代化一点,起点高一点,后来居上。同年3月9日至10日,中共中央政治局根据南方谈话精神,讨论了改革开放和发展的若干重大问题并强调:当前要特别注意抓住改革和建设中牵动全局的重大问题,深入调查研究,确定今后一个时期的战略思想和政策主张,并认真组织实施。而浦东开发开放就是牵动全局的重大问题之一。因为,就上海具有的地域优势、人才优势、经济基础优势看,浦东开发开放是我国又一个可以迅速发展起来,进而带动长江三角洲乃至整个长江流域经济发展的重要引擎,也是我们可以打出的一张参与国际经济竞争的王牌。会后3月20日,上海浦东新区被国务院定位为我国今后10年开发开放的重点,并希望通过浦东的开发开放,带动长江三角洲地区乃至整个长江流域经济的发展,逐步使上海发展成为远东地区经济、金融、贸易的中心之一,这就是上海"三个中心"建设的最初提法。

5月16日,中央政治局会议通过《中共中央关于加快改革,扩大开放,力争经济更好更快地上一个新台阶的意见》,第一次提出要以上海浦东开发开放为龙头,进一步开放长江沿岸城市。6月,国务院召开长江流域经济规划会议,强调要发挥沿江的总体优势,必须以上海为龙头;对上海的发展定位提出了新的要求,认为上海应该成为金融中心,应该是一个信息中心和对外开放的窗口,还要建设成为贸易中心。两场会议的召开意味着中央进一步明确了上海以及浦东开发开放在中国改革开放中的地位和作用，并对上海的城市功能有了进一步的定位。

1992年10月，党的十四大召开。会议认真总结了党的十一届三中全会以来的实践经验，确定了今后一个时期的战略部署。会议对加快改革开放和现代化建设的相关决策中，包含的重要一点是"以上海浦东开发开放为龙头，进一步开放长江沿岸城市，尽快把上海建成国际经济、金融、贸易中心之一，带动长江三角洲和整个长江流域地区经济的新飞跃"。自此，上海"一个龙头、三个中心"的发展战略目标得以正式确立，建设高度从远东中心提升至国际中心，标志着"三个中心"建设的正式启动。

"一个龙头、三个中心"战略意义重大，向全球展现了中国推进改革开放的坚定决心与必胜信心，翻开了深化改革开放的新篇章。上海转变了改革开放初期"后卫"的角色，由此成为国内外资源的配置中心、改革开放的"前锋"。

3. "三个中心"建设目标的成效

"八五"计划期间，上海以"一个龙头、三个中心"为指引修订上海"八五"计划纲要，多维度推进"三个中心"建设。产业结构调整上，将产业发展排序由"二、三、一"调整为"三、二、一"，六大支柱产业迅速崛起。浦东开发开放快速突破，提前两年完成10个基础设施工程建设。在其引领下，区域协调合作取得重要进展，1997年长江三角洲城市经济协调会成立，1998年上海颁布《关于进一步服务全国、扩大对内开放若干政策意见》，鼓励国内企业来沪投资。

全方位战略部署下，"三个中心"建设取得系列成效。经济增速、人民生活水平迅速突破，1995年国内生产总值（GDP）相比1990年增长超 2 倍，1999 年城市居民人均可支配年收入破万元。[1]金融市场开放度显著提升，1990 年上海证券交易所成立，1994 年证券交易市场成交额同比增长 8.8 倍，股票成交额增长 1.3 倍，各类金融交易市场在 1990—2000 年间陆续建立。[2]外向型经济高速发展，1992—2000 年，上海进出口商品总额年均复合增长率达 24.05%，从 97.57 亿美元增长至 547.1 亿美元；1994 年联合国贸易网络上海中心成立，是设立在中国的第一个联合国贸易网点，也是全球首批 19 个网点之一。

表 2-1　1978—2000 年上海部分年份地区生产总值及城市居民人均可支配收入

年　　份	1978	1990	1995	1999	2000
地区生产总值（亿元）	272.81	756.45	2462.57	4034.96	4551.15
城市居民人均可支配收入（元）	560	2182	7172	10932	11718

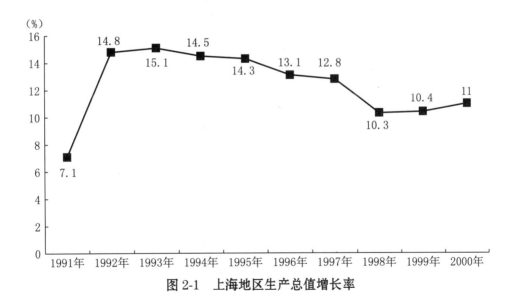

图 2-1　上海地区生产总值增长率

[1] 《上海统计年鉴》。如无特别说明，本章统计数据均来自各年份的《上海统计年鉴》，请见上海市统计局官方网站。

[2] 《上海证券交易所统计年鉴》，请见上海证券交易所官方网站。

（二）从"三个中心"到"四个中心"

1. 全球视野："四个中心"建设目标的提出

1995 年，上海编制了本市的"九五"计划与 2010 年远景目标纲要。针对上海改革和发展的十大重要问题，市委开展了一系列调查研究，国际航运中心建设是重要调查研究内容之一。经过充分研讨，跳出黄浦江的"三步走"设想基本成型：第一步把装卸港口从当时的十六铺迁移到吴淞口的张华浜；第二步从张华浜迁移到位于长江口的外高桥；第三步是跳出长江口，在上海附近寻找一个可以 24 小时装卸的深水港。上海计划用 20—30 年的时间，分三步将上海建成国际航运中心。上海分步建设国际航运中心的设想，得到了党中央、国务院的认可和大力支持。1996 年 1 月，时任国务院总理李鹏在苏浙沪两省一市的负责人会议中，正式提出了建设上海国际航运中心的任务，并对相关工作进行了具体部署，包括成立上海航运交易所、组织开展上海国际航运中心新港址论证等。虽然上海建设国际航运中心的任务已被正式提出，但在这一阶段航运中心建设仅处于其他三大中心建设的从属地位，尚未提升至与其他三大中心建设并列的高度。

1997 年，党的十五大报告指出，要"坚持和完善对外开放，积极参与国际经济合作和竞争"。上海在会议精神指引下开始了新一轮城市总体规划的编制工作。在迈入 21 世纪前，上海启动了"迈向 21 世纪的上海"战略研究，尝试对 21 世纪上海的发展进行长远规划。该研究指出，"要把上海未来的发展放到世界经济发展的大趋势中去把握，要研究世界大城市崛起的基本规律并借鉴正反经验"。研究对上海 21 世纪的发展作出了许多前瞻性预判和长远规划，其中非常重要的一条是：首次对上海航运发展的相关问题进行了战略性思考，提出航运中心建设应该而且必须成为上海城市功能建设的核心内容之一，要将上海建设成国际航空航运中心。以该研究为代表的上海新一轮城市发展战略规划中，上海城市功能定位进入基于国际视野的提升阶段。以国际大都市为标杆，以世界城市发展普遍规律为依据，以全球经济社会运行为视野，成为新一轮上海城市功能定位的"主旋律"。

经过三年的前期准备，2000 年，《上海市城市总体规划（1999 年至 2020 年）》正式编制完成并上报国务院。这一规划文件对上海的城市性质、功能定位进行了再思考。以"国际化"为重点发展方向，明确了要逐步将上海建成社会主义现代化国际大都市，建成国际经济、金融、贸易、航运中心之一的战略目标。至此，国际航运中心建设被单独列出，上升到与其他三个中心建设同等的高度。同年 5 月，国务院批复并原则同意了修订后的《上海市城市总体规划（1999 年至 2020 年）》，上海"一个龙头、三个中心"的发展战略目标更新升级为"一个龙头、四个中心"。2005 年，洋山深水港一期工程全面建成，上海国际航运中心建设取得"三步走"重大突破。洋山港世界集装箱第一港的地位得以确立，助力中国参与东北亚航运中心的激烈角逐。

党中央对上海城市功能的定位和战略部署与上海的城市特质紧密结合，符合全球大都市经济发展的普遍规律。上海城市的发展历程中，港口、航运自开埠以来发挥了相当重要的作用。可以说，上海是一个"城以港兴"的城市。"三个中心"的战略规划中，贸易中心的建成离不开港口、航运的发展。随着上海经济体量的快速增长和对外开放程度的持续加深，港口运能、航道水深等难以满足上海城市功能的进一步提升。

从国际航运中心建设的必要性上看，过去二十多年亚洲在全球经济增长中发挥了增速引领的作用，我国的经济增速居全球首位，引领了亚洲的经济增长。着眼我国内部经济结构来看，沿海、长江沿岸地区 1994 年的外贸进出口总额占全国的 87%。上海处于沿海、沿江的交汇地带，历来是我国最大的对外贸易口岸，在我国经济发展和对外开放中占据了不可替代的战略性地位。从立足全国、放眼世界的发展导向上看，上海理应在外贸发展中发挥更强的引领作用。结合我国的外贸发展实际，对外贸易中约 90% 的货物通过港口进出。新加坡、伦敦、纽约等国际大都市的历史发展经验也表明，一个城市要成为国际经济、金融、贸易中心，也必然是一个航运中心。[1] 并且，随着经济全球化的逐步深入，全球航运市场的一体化、网络化程度不断提升，竞争日趋激烈。在全球竞争中抢占航运制高点，我国需要一个具有国际竞争力的航运中心。而上海作为我国最大的港口城市，有条件也有能力承担起参与国际竞争的重任。[2]

2. **外部挑战：国际金融危机与城市功能深化**

2007 年，美国发生次贷危机，由此引发的金融危机席卷全球，世界经济、金融发展面临前所未有的挑战。外部环境的重大变化使得上海发展环境的不稳定、不确定因素显著增加。上海作为开放前沿阵地与国际性中心城市，相比国内其他区域，面临更为严峻的转型挑战。

在这种背景下，国家对上海"四个中心"建设提出了新的发展意见，要求上海进一步强化"四个中心"功能。2009 年 4 月，国务院印发《关于推进上海加快发展现代服务业和先进制造业建设国际金融中心和国际航运中心的意见》(以下简称国务院《意见》)，指出要推进上海加快建设国际金融中心、国际航运中心和现代化国际大都市，并从国家战略和全局发展的高度，进一步明确了上海国际金融、航运中

---

[1] 顾家骏、任慈杰、顾虎良：《建立上海国际航运中心的研究》，《中国航海》1996 年第 2 期。

[2] 韩汉君：《上海国际航运中心建设：城市竞争力的基础和保障》，《上海经济研究》2006 年第 9 期。

心建设的总体目标、主要任务和政策措施。国务院《意见》强调，建设国际金融中心和国际航运中心"是适应全球化新格局和对外开放新形势，加快构筑新的竞争优势，提升国家整体竞争力的有效途径"。至此，上海国际航运中心建设上升为国家战略。在相关意见指导下，2009年5月，上海出台《上海市人民政府贯彻国务院关于推进上海加快发展现代服务业和先进制造业建设国际金融中心和国际航运中心意见的实施意见》，提出要"把握历史机遇，应对国际金融危机，加快建设'四个中心'，努力实现'四个率先'"。

上海在面对全球金融危机时也主动调整发展战略，赋予"四个中心"建设创新、转型的新内涵。2011年1月，上海"十二五"规划纲要将创新驱动、转型发展与"四个中心"建设紧密相连，指出"要积极适应国内外形势新变化……充分发挥浦东新区先行先试的带动作用和上海世博会的后续效应，创新驱动、转型发展，努力争当推动科学发展、促进社会和谐的'排头兵'"。在"十二五"规划纲要引领下，上海从国家大局出发谋划发展，妥善应对国际金融危机的持续影响，在制度创新、创新驱动、经济转型升级等方面取得了一系列重要突破。

3. "四个中心"建设目标的成效

进入21世纪后，随着"一个龙头、四个中心"战略目标的确立，上海的城市功能得以进一步提升。

经济展现强劲增长活力，发展水平迈上新台阶。2001—2007年，上海GDP保持两位数高速增长，2008年国际金融危机后仍维持8%左右的增速，2008年人均GDP超过全球平均水平。[1]

---

[1] 请见世界银行公开数据和《中国统计年鉴》《上海统计年鉴》。

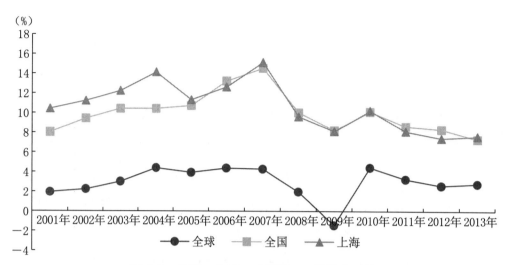

图 2-2　全球、全国、上海 GDP 增长率对比

数据来源：世界银行；《中国统计年鉴》《上海统计年鉴》。

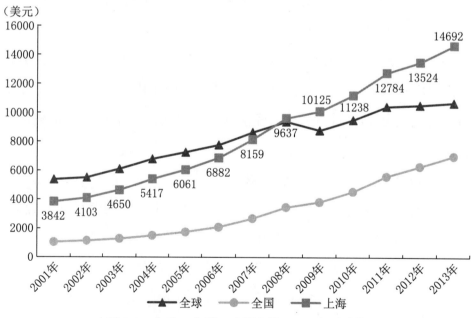

图 2-3　全球、全国、上海人均 GDP 水平对比

数据来源：世界银行；《中国统计年鉴》《上海统计年鉴》。

金融市场体系不断完善，发展环境持续优化。2001—2010 年间形成了包括股票、债券、货币、外汇、商品期货、金融期货与场外衍生品、黄金等市场在内的较为完备的全国性金融市场体系。2013 年金融市场交易总额相比 2007 年增长 4 倍，达 639 万亿元人民币。金融业从业机构从 2006 年 504 家增至 2013 年 1240 家。全球市场竞争力上，上海证券市场股票交易额在 2013 年居全球第五位，股票市值居全球第七位，黄金市场场内现货交易量居全球第一位。此外，天然胶、铜、铝等多个期货品种的交易量位居全球前列。[1]

表 2-2　上海主要金融市场成交额统计（万亿元）

指　　标	2012 年	2013 年	2014 年
上海证券交易所成交额	54.75	86.51	128.15
上海期货交易所成交额	89.19	120.83	126.47
中国金融期货交易所成交额	75.84	141.01	164.02
银行间市场成交额	263.63	284.74	361.51
上海黄金交易所成交额	3.53	5.22	6.51

外贸规模持续扩张，出口结构不断优化。外贸进出口总额持续扩张，从 2001 年 608.98 亿元人民币增至 2013 年 4413.98 亿元人民币。经济外向程度不断加深，外商直接投资合同金额从 2000 年 63.9 亿美元增至 2013 年 167.8 亿美元。出口产品结构不断优化，2003—2013 年上海高新技术产品出口额从不足 170 亿美元增至近 900 亿美元，在出口总额中占比从 33.75% 提升至 43.43%。制度创新加速推进，2013 年 8 月，国务院正式批准设立中国（上海）自由贸易试验区，后续在

[1]　上海市金融办：《上海国际金融中心建设发展历程》，"上海金融"门户网站，2015 年 7 月 2 日。

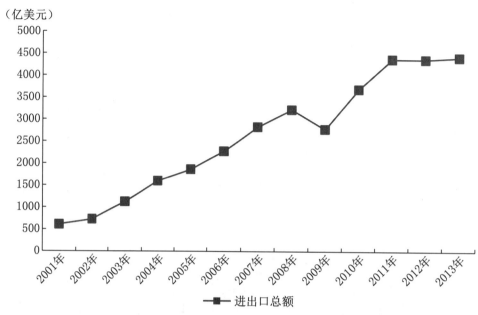

图 2-4　2001—2013 年上海进出口总额统计

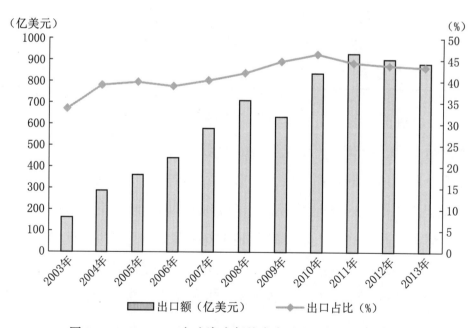

图 2-5　2003—2013 年上海高新技术产品出口额及占比情况

国家层面复制推广的逾 300 项自贸试验区制度创新成果中，近一半为上海首创或同步先行先试。

航运发展取得一系列首创性突破。2011 年 6 月，上海航运运价交易有限公司正式运营，成为全球首个航运运价第三方集中交易平台；2012 年 10 月，由中国海事仲裁委员会上海分会编制的《航运标准合同系列（上海格式）》正式出版，成为我国首个系统出版的航运标准合同；2013 年 2 月，首个入驻我国的国际航运组织——波罗的海国际航运公会（BIMCO）上海中心正式成立。港口布局创新加速，洋山港三期工程于 2008 年投入运行，开创了远离大陆依托海岛建港、陆岛联动营运以及港城同步发展的新模式。布局创新带动了上海港吞吐能力的大幅提升。2005 年，上海港以 4.43 亿吨的吞吐量跃居全球第一大货运港。2010 年，上海港首次成为世界第一大集装箱港。[1]航运服务业得到快速发展，2013 年上半年，上海港集装箱水水中转比率为 46.6%，提前完成"十二五"规划中 45% 的目标。[2]

（三）从"四个中心"到"五个中心"

1. 全新阶段："五个中心"功能定位的确立

随着"四个中心"建设的持续深入，上海的发展进入创新驱动、经济转型升级的全新阶段。全球新一轮科技革命、产业变革孕育兴起，全球经济竞争格局中，科技创新竞争的重要地位日益凸显。面对这种发展形势，2014 年 5 月，习近平总书记在上海考察时，对上海的城市定位和相关工作提出了新的要求："上海要努力在推进科技创新、实施创新驱动发展战略方面走在全国前头、走到世界前列，加快向具

---

[1] 张励：《新中国成立以来上海港的发展历程》，《上海党史与党建》2014 年第 3 期。

[2] 《2013 年上半年水水中转成为上海国际航运中心建设重点》，上海市统计局官方网站，2013 年 8 月 18 日。

有全球影响力的科技创新中心进军。"并且提出上海自贸试验区要成为制度创新的"试验田"，强调"大胆试、大胆闯、自主改"，为全国改革开放探索新路径。[1]习近平总书记的讲话首次明确上海要建设"具有全球影响力的科技创新中心"，首次将自贸试验区改革与科技创新并列，为上海"五个中心"战略框架奠定了坚实基础。

在习近平总书记提出了科创中心的建设任务后，上海开展了一系列破除科技创新体制机制障碍的改革性试验。并基于大量的调研工作，于2015年5月发布《关于加快建设具有全球影响力的科技创新中心的意见》(以下简称《意见》)。《意见》中明确指出，上海作为我国建设中的国际经济、金融、贸易和航运中心，必须服从国家发展战略，牢牢把握世界科技进步大方向、全球产业变革大趋势、集聚人才大举措，努力在推进科技创新、实施创新驱动发展战略方面走在全国前头、走到世界前列。《意见》提出要"努力把上海建设成为世界创新人才、科技要素和高新科技企业集聚度高，创新创造创意成果多，科技创新基础设施和服务体系完善的综合性开放型科技创新中心，成为全球创新网络的重要枢纽和国际性重大科学发展、原创技术和高新科技产业的重要策源地之一，跻身全球重要的创新城市行列"的总体奋斗目标，并提出"两步走"的阶段性目标：在2020年前，形成科技创新中心基本框架体系，为长远发展打下坚实基础。第二步再用10年时间，着力形成科技创新中心城市的核心功能，在服务国家参与全球经济科技合作与竞争中发挥枢纽作用，为我国经济发展提质增效升级作出更大的贡献。

2016年4月，国务院印发《上海系统推进全面创新改革试验加

---

[1]《通江达海向未来——沿着总书记的足迹之上海篇》，新华网，2022年6月25日。

快建设具有全球影响力的科技创新中心方案》(以下简称国务院《方案》),上海科技创新中心建设正式上升为国家战略。国务院《方案》对上海科技创新中心建设的总体目标、主要任务、改革措施等进行了全方位战略部署。要求上海要成为与我国经济科技实力和综合国力相匹配的全球创新城市,为实现"两个一百年"奋斗目标和中华民族伟大复兴的中国梦,提供科技创新的强劲动力,打造创新发展的重要引擎。在国务院《方案》和各相关部委办指导下,2016年8月,上海市政府印发《上海市科技创新"十三五"规划》,从创新生态构建、策源能力提升、高附加值产业培育、城市和谐发展等方面提出了"十三五"期间上海科技创新中心建设的发展目标和主要任务。经国务院批复原则同意,2018年1月,上海市人民政府正式发布《上海市城市总体规划(2017—2035年)》(以下简称《规划》)。《规划》提出了上海城市发展远景目标,城市性质确定为:上海是我国的直辖市之一,长江三角洲世界级城市群的核心城市,国际经济、金融、贸易、航运、科技创新中心和文化大都市,国家历史文化名城,并将建设成为卓越的全球城市、具有世界影响力的社会主义现代化国际大都市。同月,时任上海市委书记李强在市规划和国土资源管理局调研时强调,《上海市城市总体规划(2017—2035年)》体现了党中央、国务院对上海发展的新要求,要充分发挥规划的引领作用,统筹抓好规划目标任务落实,进一步凝聚共识、形成合力,加快推进国际经济、金融、贸易、航运、科技创新"五个中心"建设,努力把上海建设成为卓越的全球城市和社会主义现代化国际大都市。自此,上海"五个中心"功能定位正式确立,城市发展进入全新阶段。

2. 稳步推进:制度创新与能级跃升

2018—2020年,上海在"五个中心"建设的战略布局框架下,通过制度创新、产业升级、区域协同等路径，实现了城市功能从规模扩张向能级跃升的转型。

2018 年 11 月，习近平主席在首届中国国际进口博览会开幕式上宣布了支持上海的三项新任务，为上海"五个中心"的能级跃升从制度创新层面擘画了宏伟蓝图。一是增设中国（上海）自由贸易试验区的新片区，鼓励和支持上海在推进投资和贸易自由化便利化方面大胆创新探索，为全国积累更多可复制可推广经验。二是将在上海证券交易所设立科创板并试点注册制，支持上海国际金融中心和科技创新中心建设，不断完善资本市场基础制度。三是将支持长江三角洲区域一体化发展并上升为国家战略，着力落实新发展理念，构建现代化经济体系，推进更高起点的深化改革和更高层次的对外开放，同"一带一路"建设、京津冀协同发展、长江经济带发展、粤港澳大湾区建设相互配合，完善中国改革开放空间布局。[1]

围绕这三大重点任务，2019 年 1 月，中国证监会发布《关于在上海证券交易所设立科创板并试点注册制的实施意见》，为增强资本市场对提高我国关键核心技术创新服务能力的服务水平、支持上海国际金融中心和科技创新中心建设提供重要支撑。2019 年 7 月，国务院出台《中国（上海）自由贸易试验区临港新片区总体方案》。从建立以投资贸易自由化为核心的制度体系、建立全面风险管理制度、建设具有国际市场竞争力的开放型产业体系等方面对新片区建设指明具体方向。2019 年 12 月，国务院印发《长江三角洲区域一体化发展规划纲要》（以下简称国务院《纲要》），长三角一体化发展正式上升为国家战略。国务院《纲要》对上海在区域中的功能定位作出明确阐释，要求

---

[1]《习近平在首届中国国际进口博览会开幕式上的主旨演讲》，新华网，2018 年 11 月 5 日。

发挥上海龙头带动作用。提升上海服务功能。面向全球、面向未来，提升上海城市能级和核心竞争力，引领长三角一体化发展。围绕国际经济、金融、贸易、航运和科技创新"五个中心"建设，着力提升上海大都市综合经济实力、金融资源配置功能、贸易枢纽功能、航运高端服务功能和科技创新策源能力，有序疏解一般制造等非大都市核心功能。形成有影响力的上海服务、上海制造、上海购物、上海文化"四大品牌"，推动上海品牌和管理模式全面输出，为长三角高质量发展和参与国际竞争提供服务。

2019 年 11 月，习近平总书记考察上海，突出强调高质量发展，明确提出了上海应当强化"四大功能"的要求，即全球资源配置功能、科技创新策源功能、高端产业引领功能和开放枢纽门户功能。"四大功能"为上海"五个中心"建设提供了具体抓手，反映了"五个中心"建设的质量导向和集成效应。

以"四大功能"强化目标为引领，上海进行了一系列战略部署。围绕全球资源配置功能，以《上海国际金融中心建设行动计划》为依托，明确科创板设立、跨境金融创新、金融科技应用等任务，提出打造全球人民币资产配置中心。出台《上海市公共数据开放暂行办法》，规范公共数据开放与利用，推动数据资源转化为生产要素，建设全球数据港。实施人才引领发展战略，发布《关于新时代上海实施人才引领发展战略的若干意见》，提出缩短"居转户"年限、支持外籍人才跨境流动等优化全球人才配置的重点内容。围绕科技创新策源功能，发布《关于进一步深化科技体制机制改革 增强科技创新中心策源能力的意见》，提出要赋予科研机构更大自主权，试点科技成果转化税收优惠等改革举措。印发《上海市高新技术成果转化项目认定办法》，通过加大对原创性科技成果支持、放宽申报条件等提高技术成果转化效率。围绕高端产业引领功能，上海"十四五"规划纲要提出要构建"3+6"新型产业体系，布局数字经济、绿色低碳等新赛道。围绕开放枢纽门户功能，上海聚焦放宽外资准入限制、高标准对标国际航运规则、优化跨境贸易通关流程等方面，出台《本市促进跨国公司地区总部发展的若干意见》《上海国际航运中心建设三年行动计划（2020—2022年）》《上海市全面深化国际一流营商环境建设实施方案》等政策文件。

2020年11月，习近平总书记在浦东开发开放30周年大会的讲话中，赋予浦东这一上海"五个中心"建设龙头的新使命，要求浦东要成为"更高水平改革开放的开路先锋"，打造"社会主义现代化建设引领区"，强调浦东需在全球资源配置中发挥关键作用。同时，对"四大功能"强化作出新的指示，重申上海需强化全球资源配置、科技创新策源、高端产业引领、开放枢纽门户"四大功能"，构筑发展制高点。强调高水平科技自立自强是现代化关键，要求上海加速科技成果转化，支撑全国高质量发展。深化长三角一体化协同方面，要求上海发挥龙头带动作用，推动长三角区域产业链、创新链协同。

二、"五个中心"建设的新起点

党的十八大以来，随着中国特色社会主义进入了新时代，在党的理论指导下，上海"五个中心"建设也进入了新阶段。依托上海深厚的历史积淀、全球要素集聚能力和制度创新优势，上海"五个中心"建设的现实基础通过历史积淀、要素集聚、制度创新、空间布局和全球网络构建等多个维度，共同构筑起面向未来的战略新优势，进而打造要素流量枢纽和创新范式高地，为提升我国经济发展质量和国际竞争能级提供战略支撑。

（一）国际经济中心地位凸显

1. 总体经济实力稳步前进

上海经济实力不断迈上新台阶，上海全市生产总值连续突破4万亿元和5万亿元大关，2024年上海地区生产总值达到5.39万亿元，位居全球城市前列。人均地区生产总值已超过发达国家门槛，居民人均可支配收入达到8.84万元。国营经济、民营经济和外资经济全面发力，各类市场主体总量持续增长，经济发展活力不断增强。截至2024年底，上海共有各类经营主体341.9万户，比上年末增长0.04%，注册资本（金）总量40.56万亿元。[1]

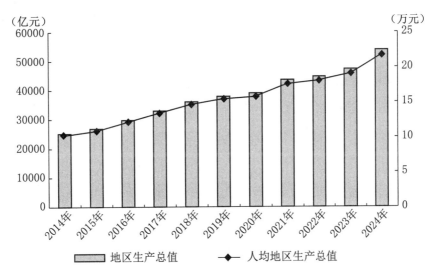

图 2-6　2014—2024年上海地区生产总值及人均地区生产总值演进趋势

总部经济呈现出强劲的增长趋势，大量跨国公司将地区总部和"头脑中心"移至上海，目前，近千家跨国公司在沪设立地区总部，

---

[1]《2024年上海市国民经济和社会发展统计公报》，上海市统计局官方网站，2025年3月25日。

如沃尔玛、苹果、采埃孚、圣戈班、通用等。截至 2024 年底，上海已累计认定跨国公司地区总部 1016 家[1]，涵盖了制造业、服务业、数字领域等多个行业。部分企业单功能全球总部或全球事业部也落户上海，不仅为上海的经济多元化发展提供了有力支撑，也提升了上海在全球经济体系中的地位。此外，金砖国家新开发银行、亚洲海事技术合作中心、跨国公司地区总部 ESG 分会、城市土地学会等一大批国际组织纷纷落户，上海城市国际化水平显著提升，已成为全球顶级企业或组织进入中国乃至亚洲的桥头堡。

上海国际消费中心建设持续推进，已经成为全球消费资源的重要聚集地，不仅吸引了众多一线国际品牌，也见证了本土品牌影响力的显著提升。通过"上海服务""上海制造""上海购物""上海文化"四大品牌的持续推广，上海正逐步打造成为一个具有国际竞争力的品牌之都。近年来，上海成功推出 200 余个新品牌和老字号品牌，在国内外市场上赢得了良好的声誉。在首发经济方面，上海发布《上海市优化首发经济营商环境　建立"营销活动报批一件事"制度实施方案》，2021—2023 年，4500 多个品牌选择在上海举行首发活动，包括 3366 家各类首店和 37 家亚洲级别以上的首店，充分展示了上海在全球零售市场中的重要地位，世界知名高端品牌的集聚度超过 90%，一线国际品牌的覆盖率达到 98%，国际零售商集聚度位居全球第二。进博会溢出效应进一步推动了上海的消费市场发展，如"6 天 +365 天"交易服务平台。上海口岸消费品进口总额占全国比重提高到 40% 以上，口岸进口服装、化妆品、汽车分别占全国的约 70%、41%、37%。上海旅游节、上海马拉松、上海网球大师赛、世界一级方程式赛车锦标赛（F1）中国大奖赛等文体旅商展活动，吸引大量游客前来。2024 年上

[1]《政府工作报告——2025 年 1 月 15 日在上海市第十六届人民代表大会第三次会议上》，《解放日报》2025 年 1 月 20 日。

海接待入境游客 670.59 万人次，全年国际旅游收入 110.92 亿美元，增长 79.3%。国内旅游收入 4972.64 亿元，增长 35.2%。[1]

2. 现代化产业体系建设框架基本形成

上海"（2+2）+（3+6）+（4+5）"现代化产业体系加快构建，逐步形成以现代服务业为主体，以战略性新兴产业为引领，以先进制造业为支撑的现代化产业体系。通过制定和实施一系列规划政策，推动了产业在空间上的合理布局和协同发展，"中心辐射、两翼齐飞、新城发力、南北转型"的空间新格局，为上海的产业发展提供了良好的空间载体和支撑。

面向未来，上海通过实施一系列政策，鼓励企业加大技术改造和模式创新力度，推动传统产业向高端化、智能化、绿色化方向发展。集成电路、生物医药、人工智能三大先导产业发展迅速。在集成电路方面，张江科学城汇聚了众多创新型企业，在集成电路设计、芯片制造等领域均处于国内领先地位。临港新片区也在加速建设"东方芯港"特色产业园，推动集成电路产业的集聚发展。2025 年，上海集成电路产业规模有望实现倍增，形成国际一流、技术先进、产业链完整、配套完备的集成电路产业体系。在生物医药方面，上海市深化以"1+5+X"为主体的生物医药产业空间布局，打造张江生物医药创新引领核心区，以及多个特色产业区。2025 年，上海将初步建成世界级生物医药产业集群核心承载地。在人工智能方面，上海深化构建"东西互动、多点联动"的产业布局，完善"4+X"总体布局，推进浦东张江、徐汇滨江、闵行马桥、临港新片区等四大优势产业集聚区创新发展。

3. 对世界经济发展的影响力持续扩大

根据全球著名城市排名研究机构格勒博意利（GYBrand）的《全

---

[1]《2024 年上海市国民经济和社会发展统计公报》，上海市统计局官方网站，2025 年 3 月 25 日。

球城市 500 强（2024）》报告，上海在全球 500 强城市榜单中排名第八，全球城市影响力稳居世界前列。全球化与世界城市研究网络（GaWC）揭晓了 2024 年 GaWC 全球城市排名，其中，"Alpha（＋）"等级以上的"世界一线城市"共 10 座，上海与新加坡、巴黎、东京等同处"A+"行列，其资源配置能力和现代服务业水平已达到国际标杆城市标准。在国际咨询公司科尔尼发布的 2024 年全球城市综合排名中，上海凭借在商业活动、人力资本、信息交流、文化体验以及政治事务等多个维度上的卓越表现，成功跻身全球前十，位列第八。上海始终注重加强国际合作与交流，积极融入全球产业链和价值链，通过引进外资和先进技术，加强与国际知名企业和机构的合作与交流，推动了产业的国际化发展。

纽约 827.3	新加坡 813.9	东京 801.5	香港 783.6	
			上海 777.8	首尔 770.4
伦敦 824	巴黎 810.1	洛杉矶 796.7	北京 773.2	

图 2-7　2024 年度世界城市前十名

4. 经济环境软硬件建设持续推进

市场化、法治化、国际化一流营商环境改革持续推进。营商环境改革是一项长期而艰巨的任务，通过不断优化市场环境、提升政务服务效率、加强法治保障等措施，上海已经取得了显著成效。上海一方面通过加强与国际先进城市的交流合作，借鉴其成功经验做法；另一方面，结合自身特点和优势，不断创新和完善营商环境制度体系。同时，还加大对重点区域和行业的支持力度，形成了众多制度创新成果和示范效应。"证照分离"改革实现全覆盖，"一证一页"改革深入开展，证明事项告知承诺制全面推行。市场准入与退出机制优化，例如，全面推行企业名称申报承诺制，简化了企业名称注册流程。完善企业住所标准化登记信息库，依托数据核验简化企业住所登记材料。同时，还建立了企业注销"一网通"平台，提高了企业退出市场的效率。此外，以法治化营商环境建设为核心，上海打出"三位一体"的制度创新组合拳。在金融法治创新领域，构建绿色信贷政策体系与动产融资保障机制，创新推出应收账款质押融资标准化解决方案，有效盘活企业沉淀资产价值。知识产权保护方面形成"严保护、大保护、快保护"格局，通过建设知识产权保护中心、实施惩罚性赔偿制度等举措，构建起覆盖确权、用权、维权全链条的保护体系。更在全国首创企业合规改革"上海模式"，建立行政监管与刑事司法衔接机制，推出行业合规指引和认证标准体系，使合规建设从个案治理升级为行业生态优化。

高效、便捷、绿色、智能的现代化综合交通体系逐步成形。目前，上海已拥有多条地铁线路，形成了覆盖全市的轨道交通网络。特别是近年来，上海加快推进轨道交通新线路的建设和既有线路的延伸，如13号线东延伸、19号线、南枫线一期、崇明线、嘉闵线等项目的开工建设，以及机场联络线、17号线西延伸等线路的建成通车，进一步提升了全市轨道交通的覆盖面和便捷性。在绿色交通方面，通过建设充电桩、推广电动汽车等措施，上海逐步构建了绿色交通体系。通过实施一系列政策措施和技术手段，降低了交通领域的碳排放和环境污染。在智能交通方面，上海充分利用大数据、云计算、人工智能等先进技术，通过建设智能交通管理系统、推广智能网联汽车等措施，提高了交通管理的效率和准确性，也为市民提供了更加智能化、个性化的出行服务。

（二）国际金融中心地位稳固

1. 金融交易量级迅速提升

近年来，上海全球金融中心地位不断提升。根据英国智库 Z/Yen 集团与中国（深圳）综合开发研究院联合发布的"全球金融中心指数报告"，上海在全球金融中心排名中持续位列前茅。在 2024 年发布的第 36 期报告中，上海位居全球金融中心第八，显示了上海金融中心的国际影响力和竞争力。2024 年，上海金融市场交易总额 3650.3 万亿元，比上年增长 8.2%，[1] 不仅彰显了上海作为全球金融中心的地位，也反映了其金融业发展的强劲势头。目前，上海已经吸引了大量国内外金融机构入驻，这些金融机构涵盖银行、证券、保险、基金、期货等多个领域，为上海国际金融中心的建设提供了强大的支持。截至

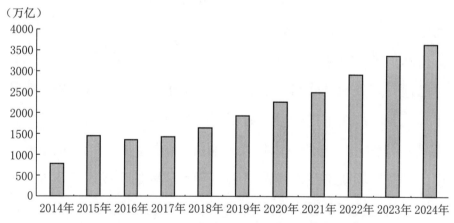

图 2-8　2014—2024 年上海金融市场成交额演进趋势

---

[1]《2024 年上海市国民经济和社会发展统计公报》，上海市统计局官方网站，2025 年 3 月 25 日。

2023 年底，上海已集聚各类持牌金融机构超过 1770 家，其中外资金融机构超过三分之一。[1]金融机构的集聚不仅提升了上海金融市场的整体实力，也为投资者提供了更多元化的金融产品和服务。此外，上海还积极推动金融机构的国际化进程，鼓励外资金融机构在上海设立分支机构或开展业务，进一步增强了上海金融市场的国际影响力。

2. 金融市场体系逐步完善

上海已经形成多层次的金融市场体系和金融产品体系，市场要素齐全、技术手段先进，成为全球金融资源配置功能高地。在股票市场的国际化方面，沪港通的开通为上海与香港两地市场的互联互通提供了重要通道，奠定了 A 股被纳入 MSCI 新兴市场指数的基础，加快了资本市场的国际化进程，随着互联互通机制的不断发展，纳入的股票数量不断增加，产品逐渐多样化，增强了投资者的多样性和产品的丰富度，使得中国在岸和离岸市场充分融合。在债券市场的开放方面，上海债券市场对外开放程度不断加深，通过完善债券发行、交易、结算等制度，上海债券市场已经形成较为完善的体系，为国际投资者提供了更多的投资选择。截至 2022 年底，上海证券市场的首发募资额全球第一，现货黄金交易量、原油期货市场规模等均位居世界前三。上海期货交易所已基本实现对金属、能源、化工、服务等行业的期货产品全覆盖，正在加快推进铸造铝合金、液化天然气、胶版印刷纸、瓦楞原纸等绿色品种研发上市。此外，上海期货交易所已经成为全球三大铜定价中心之一。原油期货成功上市后，上海成为继纽约、伦敦后全球第三大原油期货市场。在外汇市场的建设方面，上海外汇市场已经成为全球重要的外汇交易中心之一，通过完善外汇交易制度、提

---

[1]《上海国际金融中心建设全面提升能级，各类持牌金融机构达 1771 家》，"上海金融"门户网站，2024 年 5 月 24 日。

高交易效率等措施，为国际投资者提供了更加便捷、高效的外汇交易服务。在黄金市场方面，上海黄金交易所是中国唯一的黄金现货交易平台，提供黄金、白银等贵金属的现货交易服务。在保险市场方面，上海保险交易所是保险行业的重要交易平台，为保险公司、再保险公司等提供保险产品的交易、登记、结算等服务。

3. 金融创新不断深化

上海金融市场在金融产品创新方面也取得了显著成果，推出了多种衍生品和结构化产品，如期权、期货、互换等，为投资者提供了更多的风险管理和收益增强工具。上海还在绿色金融、普惠金融等领域推出了多种创新产品，如绿色债券、普惠金融贷款等，有力推动了绿色金融和普惠金融的发展。上海把绿色金融作为国际金融中心建设的重要组成部分，积极推动绿色金融改革创新，不仅增设了上证180碳效率指数、中证上海环交所碳中和指数等一系列绿色指数，还依托上海环境能源交易所，在中国核证自愿减排量（CCER）质押、碳基金、碳回购、碳信托、借碳等方面取得创新突破。

金融服务优化与升级。例如，人工智能、大数据、区块链等技术在金融领域得到了广泛应用，推动了金融服务的智能化、便捷化和个性化。云上交行智能客服、中国人保大模型等创新应用，在提高金融服务效率、风险控制和客户体验方面发挥了重要作用。在上海自贸试验区临港新片区金融业创新改革方面，立足《关于进一步加快推进上海国际金融中心建设和金融支持长三角一体化发展的意见》，陆续发布了《全面推进中国（上海）自由贸易试验区临港新片区金融开放与创新发展的若干措施》等一系列创新政策，率先实施优质企业跨境人民币结算便利化、一次性外债登记、限额内自主借用外债、融资租赁母子公司共享外债额度、取消外商直投人民币资本金账户等一系列金融创新举措。上线跨境人民币贸易融资转让服务平台，五大行金融资产投资公司获批在上海开展股权投资业务。

4. 金融基础设施逐步完善

上海支付结算体系日益完善，包括银行结算账户体系、支付系统、清算系统等在内的支付结算网络覆盖广泛。例如，数字人民币的试点在上海稳步推进，为支付结算体系的现代化和智能化提供了有力支持。上海还积极推动跨境支付结算业务的创新和发展，为国内外企业提供了更加便捷、高效的跨境金融服务。金融监管体系也不断完善，包括金融监管部门、行业协会、金融机构等在内的金融监管网络覆盖逐渐全面，通过建立健全金融监管制度、加强监管协调合作、提高监管效能等措施，有效维护了金融市场的稳定和健康发展。此外，上海注重金融生态环境的建设，通过优化金融政策环境、完善金融服务体系、加强金融人才培养等措施，为金融业的健康发展提供了有力支持。

（三）国际贸易中心功能完善

1. 贸易规模持续扩大

近年来，上海贸易规模持续扩大，增速稳健。2024 年，上海全市社会消费品零售总额达到 1.79 万亿元，规模持续稳居全国主要城市前列。同时，全市货物进出口总额近 4.27 万亿元，比上年增长 1.3%，[1]充分展示了上海国际贸易中心的强大实力和良好发展态势。上海在吸引外资和跨国公司集聚方面也取得了显著成果。2024 年，上海全市新设外资企业 5956 家，外商直接投资实际到位金额 176.73 亿美元。跨国公司地区总部、外资研发中心分别新增 60 家、30 家，累计分别达到 1016 家和 591 家，继续保持中国内地跨国公司地区总部最为集中城市的领先地位。

---

[1]《2024 年上海市国民经济和社会发展统计公报》，上海市统计局官方网站，2025 年 3 月 25 日。

国际贸易平台和会展经济蓬勃发展。中国（上海）国际进口博览会作为世界上规模最大的进口博览会，已成为上海国际贸易中心发展的重要引擎。第七届进博会累计吸引来自152个国家和地区的企业参

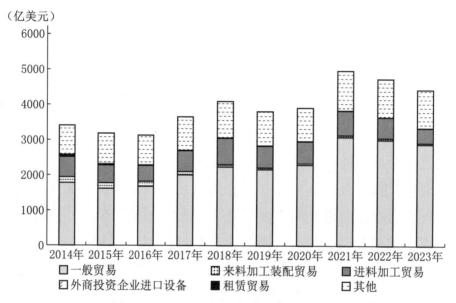

图 2-9　2014—2023 年上海海关进口总额

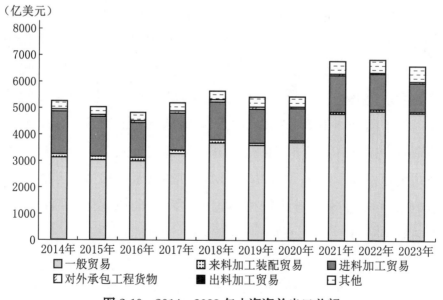

图 2-10　2014—2023 年上海海关出口总额

展，世界 500 强及行业龙头企业参展率连续多届超 70%，跨国企业首发新产品、新技术、新服务 450 项。交易成果丰硕，成交项目涵盖高端装备、医疗器械、农产品、消费品等领域，推动全球优质商品和服务进入中国市场。[1] 进博会以"新时代，共享未来"为主题，成为高水平对外开放的"上海名片"乃至"中国名片"。此外，上海还拥有多个国家级和国际级的会展中心和展览场馆，如上海新国际博览中心、国家会展中心等，为国内外企业提供了展示和交流的平台。

2. 服务贸易发展迅速

近年来，上海服务贸易持续快速增长，成为推动上海乃至中国经济发展的重要力量。2024 年 1—6 月，上海服务进出口总额达到 1177.6 亿美元，占全国服务进出口额的 24.7%，显示出上海服务贸易在全国的领先地位。此外，上海数字贸易进出口也表现出强劲的增长势头，2024 年 1—6 月数字贸易进出口额为 543.9 亿美元，占全国数字贸易进出口额的 30.3%，进一步凸显了上海在数字服务贸易领域的优势。[2] 其中，在运输服务贸易方面，上海港作为全球集装箱吞吐量最大的港口，其运输服务贸易在国际贸易中占据重要地位。上海正通过增强本土航运企业实际运力、提高海陆空运输联动效率以及加强金融保险、法律仲裁等与运输服务高度相关的"软实力"来推动运输服务贸易的发展。在旅游服务贸易方面，不断推进旅游服务贸易的发展，建设结构合理、协调发展、日益繁荣的旅游市场，形成了一批实力雄厚、业务广泛的重点旅游企业。在电信、计算机和信息服务贸易

---

[1]《"七"势如虹！数看第七届进博会成绩单》，中国国际进口博览会官方网站，2024 年 11 月 18 日。

[2]《〈2024 上海服务贸易推介手册〉发布》，上海市商务委员会官方网站，2024 年 9 月 6 日。

方面，通过搭建跨境数据流通公共服务平台、数字贸易软件园、数字贸易产业开发区等平台，推动电信、计算机和信息服务贸易的快速发展。在专业服务贸易方面，通过政策引导扶持、培育重点专业服务领域比较优势、支持本土专业服务企业扩大跨境服务等措施，在咨询、会计、法律、广告、人力资源、检验检测认证等领域取得显著成效。

3. 贸易枢纽功能提升

上海大宗商品交易平台的集聚现象显著，数量众多且交易规模庞大。经过多年培育，上海大宗商品交易服务平台能级高、辐射力强、产业带动作用明显，已成为上海现代市场体系的重要组成部分。截至2023年7月，有11家大宗商品交易服务平台年交易规模超过百亿元，其中6家超过千亿元，平台涵盖了金属、农产品、化工产品等多个大宗商品类别，为国内外投资者提供了丰富的交易选择和便捷的交易渠道。[1]在交易规模方面，上海大宗商品交易平台的成交量和成交额均位居全国前列。以上海期货交易所（简称上期所）为例，截至2024年8月末，上期所当年累计成交量约14.1亿手，在全球交易所期货和期权成交量排名中位居第十。

区域辐射带动效应明显增强，贸易枢纽功能进一步提升。在长三角区域，引领作用强化。率先推进区域市场一体化建设，建立长三角区域市场一体化合作机制，推动重要产品追溯信息互通，推进国际贸易"单一窗口"系统对接和数据共享。在"一带一路"沿线地区，桥头堡功能凸显。2024年前5个月，上海市对共建"一带一路"国家进出口总值达到6164.9亿元人民币，同比增长2.1%，创下历史同期新

---

[1] 张淑贤：《上海发力产业互联网平台！16条措施来了》，证券时报网，2023年7月10日。

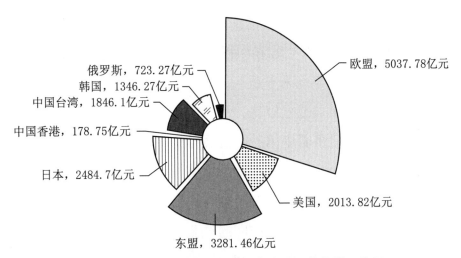

图 2-11　2024 年上海对主要国家和地区货物进口总额

数据来源：《2024 年上海市国民经济和社会发展统计公报》，上海市统计局官方网
　　　　站，2025 年 3 月 25 日。

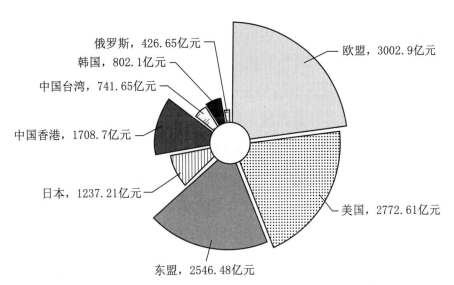

图 2-12　2024 年上海对主要国家和地区货物出口总额

数据来源：《2024 年上海市国民经济和社会发展统计公报》，上海市统计局官方网
　　　　站，2025 年 3 月 25 日。

高。[1] 2021年9月28日正式开行的中欧班列"上海号"，目前已实现中欧线、中俄线、中亚线去程和回程全覆盖。

4. 自贸试验区改革成果丰硕

上海自贸试验区自成立以来，一直秉持"大胆试、大胆闯、自主改"的核心理念，肩负着中国经济发展排头兵的重任。经过十多年的不懈努力，自贸试验区在制度创新、经济发展、对外开放等多个方面取得了显著成效，成为全国乃至全球自由贸易区的典范。在制度成果方面，形成了众多可复制、可推广的经验。试验区实施的外商投资准入前国民待遇加负面清单管理制度，极大地简化了外商投资程序，提高了投资效率。同时，自贸试验区还深化了海关监管制度创新，推出了一系列便利化措施，如一线"先进区、后报关"、区间"自行运输"、二线"批次进出、集中申报"等，构建了全新"六特"海关监管模式。在经济发展势头方面，各项经济指标均保持快速增长。新注册企业数量不断增加，外资项目纷纷落地，实到外资规模持续扩大。特别是在浦东新区，自贸试验区的带动作用尤为明显。在对外开放水平方面，试验区积极拓展对外开放领域，推动贸易和投资自由化便利化。通过建设洋山特殊综合保税区、开展跨境贸易投资高水平开放外汇管理改革试点等措施，自贸试验区在贸易、投资、金融等领域形成了诸多创新案例。

（四）国际航运中心地位突出

1. 基础设施建设不断完善

在海港建设上，上海港作为全球集装箱吞吐量最大的港口，其基础设施建设不断完善，通过不断推进港口设施现代化和智能化改造，

---

[1]《今年前5个月上海共建"一带一路"国家进出口总值创历史同期新高》，上海海关官方网站，2024年7月26日。

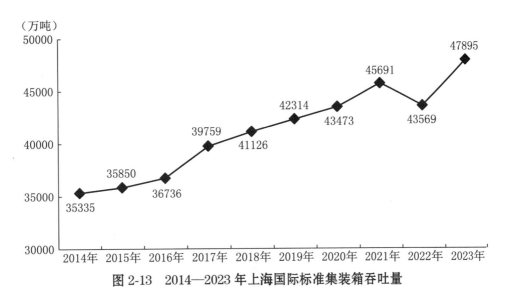

图 2-13 2014—2023 年上海国际标准集装箱吞吐量

提高港口作业效率和安全性。例如，上海港已经实现了港口自动化、智能化操作，通过智能调度系统、自动化装卸系统等先进技术，提高了港口作业效率和服务质量。2024 年，上海港集装箱吞吐量超过 5000 万标准箱，连续 15 年排名世界第一，洋山四期自动化码头成为全球最大自动化码头。[1] 在空港建设上，上海拥有浦东、虹桥两大国际机场，形成了"一市两场"的航空枢纽格局。两大机场的硬件设施如跑道、停机坪、航站楼等不断完善，为国内外航班提供了良好的运行环境。上海空港还积极推进航空物流发展，建设了多个航空物流园区和航空货运中心，提高了航空物流的效率和竞争力。在邮轮港建设上，上海邮轮港拥有现代化的邮轮码头和配套设施，能够满足大型邮轮停靠和旅客出入境的需求。

2. 航运服务能力持续提升

通过加强航运金融、航运保险、航运法律等配套服务，上海国

---

[1]《上海国际航运中心建设座谈会举行，见证上海港年集装箱吞吐量突破 5000 万标准箱的历史时刻》，上港集团官方网站，2024 年 12 月 23 日。

际航运中心已经形成了较为完善的航运服务体系。在航运金融服务上，已经形成了较为完善的航运金融市场体系，包括航运贷款、航运租赁、航运保险等。上海还积极推进航运金融创新发展，推出了多个航运金融产品和创新模式，为航运业的发展提供了有力的金融支持。在航运保险服务上，已经形成了较为完善的航运保险市场体系，包括船舶保险、货运保险、责任保险等，并推出多个航运保险产品和创新模式，为航运业的风险管理提供了有力的保障。目前，上海船舶险和货运险业务约占全国四分之一，国际市场份额名列前茅。在航运信息服务业上，随着上海市交通委推动的航运"三化转型"（数字化、智能化、绿色化）工作的深入，上海国际航运中心的绿色智慧发展水平已处于国内领先位置。例如，国际集装箱运输服务平台系统（集运 MaaS）正式上线以及区块链电子放货平台、智能决策支持系统（蓝海通）等数字化工具的应用，极大地提升了航运信息的处理效率和准确性。在航运法律服务上，已经形成了较为完善的航运法律服务体系，包括海事仲裁、海事诉讼、海事咨询等。上海首次跻身全球最受欢迎仲裁地前十名，上海海事法院首次采用法律互惠标准承认英国法院的商事判决。在航运文化的推广上，已经形成了具有特色的航运文化理念体系，包括安全文化、诚信文化、创新文化等，为航运业的发展提供了有力的精神支撑和价值导向。

3. 航运要素不断集聚

上海拥有众多国内外知名的航运代理和物流企业，为船东、货主等提供全方位的航运代理和物流服务，包括船舶代理、货运代理、仓储配送等。目前，上海已发展形成七大航运服务集聚区。例如，北外滩已经吸引汇聚了 4700 多家各类航运服务企业和 40 多家航运功能性机构。吴淞口地区初步形成邮轮产业链，正建设运营国内首个国际邮轮产业园，随着中国首艘国产大型邮轮"爱达·魔都"号于2024年元旦开启母港首航，中国邮轮产业正式迈入自主设计建造与高端运营服务并行的新纪元。虹桥、浦东机场地区依托国际航空枢纽、机场综合保税区、大飞机制造等实体，成为临空经济发展的重要载体。依托航运服务集聚区，一批国际性、国家级航运功能性机构云集上海，包括中远海运集团、中国船舶集团、振华重工等。国际航运公会（ICS）也在2023年9月宣布在上海开设其成立百余年来的第二个办事处。

4. 航运国际交流深化

通过加强与国际海事组织的合作与交流、参与国际航运规则制修订等措施，上海国际航运中心已经形成了较为完善的国际合作与交流体系。与国际海事组织的合作与交流不断深入，与国际海事组织建立了良好的合作关系，参与了多个国际航运规则的制定和修订工作，包括国际海事组织的相关规则、国际航运协会的相关规则等。上海还积极参与国际海事组织的培训和交流活动，提高了上海国际航运中心的国际影响力和话语权。

（五）国际科创中心建设加速

1. 创新资源集聚与布局

目前，上海已建成和在建的国家重大科技基础设施数量领先全国。例如，硬X射线、软X射线、光源二期、超强超短激光、活细胞成像、海底观测网等一大批具有重要影响力的大设施推进建设，初步形成了世界级大科学设施集群。张江实验室、李政道研究所、清华国际创新中心、浙江大学上海高等研究院等高水平创新机构和平台落地上海。2024年，上海的专利授权15.1万件，有效专利总数达94.6万件，每万人口高价值发明专利拥有量达到57.9件。[1]全市新增科技"小巨人"和"小巨人"培育企业118家，累计超2900家。全年经认定登记的各类技术交易合同53864件。科创板全年新增上市企业100家，首次募集资金673.53亿元，累计上市企业5386家，募集资金51744亿元。[2]

2. 关键核心技术突破

上海在集成电路、人工智能、生物医药等战略性新兴产业领域取得了关键核心技术突破。例如，成功研发全球首款人工智能云端深度学习定制化芯片，治疗阿尔茨海默病原创新药"九期一"、先进分子成像设备全景PET/CT等重大原创产品获批上市。2024年度中国科学十大进展揭晓，其中五项由上海科研团队牵头和参与。上海科学家在《科学》《自然》《细胞》三大国际顶尖学术期刊上发文数量占全国30%，基础研究持续高量发展。[3]产业技术攻关取得新突破。壁仞科技发布了首款通用GPU芯片，创全球算力纪录。2016年以来上海研制了25款1类创新药，涵盖肿瘤、代谢、免疫、神经等疾病治疗领域，41款创新医疗器械获批上市。此外，多款智能推理芯片发布，部分型号的国产车规级智能芯片实现量产。

3. 创新体制机制改革深化

上海在行政管理创新、科技成果转移转化、创新投入、收益分配、创新人才发展等方面开展了一系列改革探索，形成了一批可复制、可推广的改革举措。例如，率先实施药品上市许可持有人制度、

---

[1]《2024年上海市国民经济和社会发展统计公报》，上海市统计局官方网站，2025年3月25日。

[2]《2024年上海市国民经济和社会发展统计公报》，上海市统计局官方网站，2025年3月25日。

[3]《中国十大科技进展上海参与5项，〈2024上海科技进步报告〉揭秘上海创新》，《文汇报》2025年1月26日。

医疗器械注册人制度等,为科技创新提供了更加灵活和高效的制度环境。此外,出台了一系列支持科技创新的政策措施如《建设科创金融改革试验区实施方案》《上海银行业保险业支持上海科创中心建设行动方案(2022—2025年)》等,为科技创新提供了全方位的金融支持。在深化科创体制机制改革进程中,通过政策创新与资源整合构建起全链条成果转化体系。在制度层面,《上海市促进科技成果转移转化条例》创新性建立多项保障机制,引入了科技成果市场定价机制,建立了科技成果转化勤勉尽职制度等容错机制。为打通产学研融合梗阻,首创"机构式资助+财政退坡"新型支持模式,建成覆盖重点产业的研发与转化功能型平台矩阵,通过提供技术验证、中试熟化等专业服务,显著缩短了实验室成果与产业应用的距离。在国际化维度,深度链接全球创新网络,通过建立国际联合实验室、引入顶尖科研机构等举措,实现创新要素的双向流动,推动本土科研体系与国际前沿接轨同步。这套组合拳已形成"政策牵引—金融赋能—平台支撑—全球协同"的立体化创新生态,使上海持续释放科技成果转化的乘数效应。

第三章

上海"五个中心"建设的内在逻辑与新时代的新定位

纵观改革开放以来上海"五个中心"建设的历史脉络，我们可以看到，上海一直紧紧围绕着国家发展战略要求，持续发挥改革开放排头兵和国家战略重要支撑的作用，因此，新时代上海"五个中心"的新定位，也需要紧紧围绕着国家需求、时代要求和群众关切的目标展开。

一、"五个中心"建设的内在逻辑

从"三个中心"建设到"五个中心"建设的历史进程可以看出，上海的城市发展定位经历了从国内服务到国际服务、从单一功能到综合功能、从要素集聚到创新驱动、从试点探索到全球引领的演变过程。这一过程不仅体现了上海城市功能的升级和优化，也反映了在我国改革开放进程中上海作为国家战略支点的重要作用。

（一）从服务全国到服务全球

1. 改革开放初期的服务全国职能

改革开放初期，上海的核心职能是服务全国经济发展，承担产业基地和贸易枢纽的角色。作为中国最重要的工业和商业中心，上海依托雄厚的制造业基础、丰富的技术资源和优越的地理位置，成为全国经济增长的引擎之一。在这一阶段，政府的主要任务是通过政策引导和投资拉动，推动工业增长，并增强基础设施建设，形成产业集聚效应。制造业是当时上海经济的支柱产业，能源、机械、纺织、化工等行业蓬勃发展。

与此同时，上海的贸易职能也日益凸显。依托深厚的商贸传统和港口优势，上海成为全国商品流通的重要枢纽。改革开放初期，尽管上海的对外经济交往仍有限制，但其在国内市场中的核心地位使其成为全国经济发展的重要支撑点。无论是生产资料供应还是商品流通，上海都在全国范围发挥着关键作用。

2. 浦东开发开放的国际化转型

1990年，党中央、国务院作出开发开放浦东的重大决策，不仅是上海经济转型的里程碑，也标志着上海开始承担起连接全球市场的重要桥梁功能。浦东的开发开放不仅带动了城市空间格局的调整，还推动了产业升级和经济结构优化。大量外资企业和跨国公司进入浦东，促进了金融、贸易、航运等高端服务业的发展，使上海逐步从传统制造业中心向现代服务业中心转变。

金融领域是浦东开发开放的一大亮点。上海证券交易所的成立，标志着中国资本市场重启，而外资银行、保险公司等金融机构的进入，也为上海建设国际金融中心奠定了基础。此外，外高桥保税区的设立推动了贸易自由化，使上海在国际贸易中的地位日益重要。可以说，浦东的开发开放使上海的战略定位从国内经济中心向国际经济枢纽加速迈进。

3. 全球化背景下的功能拓展

进入21世纪，经济全球化的浪潮加速推进，中国的对外开放程度不断加深。在此背景下，上海的国际化功能进一步拓展，成为全球经济体系中的重要节点。2001年中国加入世界贸易组织（WTO），上海的外向型经济迎来新一轮快速发展。大量跨国企业纷纷在上海设立亚太总部或研发中心，带动了先进制造业和现代服务业的发展。此外，航运、文化交流、科技创新等领域的国际合作也日益加强。

2013年，中国（上海）自由贸易试验区正式挂牌成立，这是中国推进贸易自由化和投资便利化的重要举措。自贸试验区的设立，使上海在全球经济体系中的影响力进一步上升，成为国际资本、技术和人才流动的重要枢纽。特别是在金融领域，人民币国际化进程加快，上海国际金融中心的建设取得重大进展。与此同时，科技创新成为上海新的经济增长点，人工智能、生物医药、集成电路等高科技产业迅速崛起，推动上海在全球创新体系中占据更重要的地位。

上海从改革开放初期主要承担国内服务职能，逐步向国际化转型，并在全球化背景下不断拓展其功能。如今，上海不仅是中国经济发展的核心引擎，也是全球经济体系中的重要枢纽，为中国深度融入世界经济作出了重要贡献。

（二）从单一功能到综合功能

1. 早期经济中心的单一功能

上海最初以经济中心功能为主，依托雄厚的制造业基础和发达的传统商业贸易，成为中国经济增长的重要支撑。然而，在早期发展阶段，上海的城市功能相对单一，主要依赖于工业生产和商品流通，而在金融、航运、科技等领域的布局较为薄弱。这种单一的功能定位，使得上海在提升城市竞争力和国际化程度上受到了限制。

制造业是上海经济的核心支柱，汽车、钢铁、纺织、电子等行业蓬勃发展，为全国提供大量工业产品。同时，作为全国重要的商业中心，上海的商品批发和零售业高度繁荣，南京路、豫园等商业区吸引了大量商贸活动。尽管金融和航运业在20世纪初期已有一定基础，但发展相对滞后，未能形成完善的金融市场体系和国际航运枢纽功能。因此，上海虽然在国内经济中占据重要地位，但尚未具备现代国际城市的综合功能。

2. 向金融、贸易、航运中心扩展

1992 年，党的十四大提出"以上海浦东开发开放为龙头，尽快把上海建设成国际经济、金融、贸易中心之一"，标志着上海开始从单一经济中心向多功能国际化城市转型。上海城市功能向多元化方向发展，逐步迈向综合性国际大都市。

浦东的开发开放不仅带动了产业升级，也为上海确立了金融中心、贸易中心、航运中心建设的目标。金融方面，上海证券交易所的成立为中国资本市场提供了核心平台，外资银行和金融机构的进入加快了金融国际化进程。贸易方面，上海凭借港口优势，吸引了大量外资企业和跨国公司设立区域总部，国际贸易规模持续扩大。航运方面，上海港口基础设施不断完善，集装箱吞吐量迅速增长，并逐步发展成为全球航运网络的重要枢纽。

在政策支持下，上海的产业结构和城市功能得到了显著优化，逐步从单一经济中心向多功能国际都市发展。通过大力发展现代服务业，特别是金融业和航运业，上海的国际竞争力和经济辐射力大幅提升，为其向全球城市迈进奠定了基础。

3. "五个中心"体系的形成

2014 年，上海在原有的经济、金融、贸易、航运"四个中心"的基础上，提出建设"科技创新中心"，形成完整的"五个中心"体系。这一转变不仅是上海适应全球经济格局变化的必然选择，也是其进一步提升全球竞争力的关键举措。

科技创新中心的建设，标志着上海从传统经济中心向全球创新枢纽迈进。政府通过设立科技园区、加强高校和科研机构合作、鼓

励企业技术研发等方式，推动科技创新能力的提升。特别是人工智能、生物医药、集成电路等高科技产业的快速发展，使上海成为全球科技创新网络中的重要节点。张江科学城的建设，以及大量世界级实验室和研发机构的落户，使上海在科技创新领域具备了更强的竞争力。

"五个中心"体系的确立，使上海的城市功能更加全面，涵盖了经济、金融、贸易、航运和科技创新等多个领域。这种综合功能的提升，使上海不仅成为国内经济发展的核心引擎，也成为全球经济体系中的重要枢纽城市。未来，随着全球经济形势的变化，上海将在综合功能的基础上进一步深化改革，增强全球影响力，努力建设具有世界影响力的国际大都市。

（三）从要素集聚到创新驱动

1. 传统要素驱动的增长模式

上海经济增长早期主要依赖于土地、劳动力和资本等传统生产要素的集聚和投入。这种增长模式在改革开放初期发挥了重要作用，通过大规模的基础设施建设、工业投资和劳动密集型产业的发展，上海迅速成为全国经济中心。然而，这种依赖要素驱动的增长模式在短期内带来了显著的经济扩张，但长期来看也暴露出了一些问题。

首先，资源消耗过大。由于经济增长高度依赖能源、土地和资本投入，上海的工业化进程带来了一系列能源消耗和环境污染问题，如空气污染、水资源紧张等，这对城市可持续发展构成挑战。其次，产业附加值较低。上海虽然拥有强大的制造业基础，但早期以劳动密集型和低附加值产业为主，技术创新能力较弱，缺乏核心竞争力。此外，随着经济全球化和国内劳动力成本的上升，这种依赖低成本要素投入的增长模式逐渐失去优势，产业升级和转型迫在眉睫。

2. 科技创新引领经济升级

进入新时代，习近平总书记明确指出上海要以科技创新为引领，推动"五个中心"全面升级。这一战略调整，使上海的发展模式从传统的要素驱动转向创新驱动，以技术突破和创新策源为核心，推动经济高质量发展。

上海加大了科技研发投入，形成了强有力的科技创新政策支持体系。政府通过设立科技基金、提供税收优惠、鼓励企业自主创新等措施，加速推动技术突破和产业升级。近年来，上海在人工智能、生物医药、集成电路等战略性新兴产业领域取得了显著成果。例如，上海成为中国人工智能技术的重要研发中心，推动 AI 在医疗、金融、自动驾驶等多个领域的应用；生物医药产业快速发展，张江生物医药基地吸引了众多国际知名制药公司和科研机构落户；集成电路产业集群化发展，推动了中国芯片产业链的自主可控。

此外，上海积极建设国际科技创新中心，推动基础研究与应用创新协同发展。依托复旦大学、上海交通大学等高校，以及中国科学院上海分院等科研机构，上海不断强化原始创新能力，布局前沿科技领域，力争成为全球创新网络的重要节点。

3. 高端人才和产业集群的作用

创新驱动的发展模式不仅依赖于技术突破，还需要高端人才和完善的产业生态。上海充分认识到人才在科技创新中的核心作用，积极优化人才政策，吸引全球顶尖科技人才。通过推出人才引进计划、提供优质科研环境、鼓励国际学术交流，上海已经成为全球人才汇聚的重要城市之一。例如，张江科学城和临港新片区推出了一系列人才激励措施，吸引了大量高层次研究人员和企业家来沪发展。

与此同时，上海大力发展产业集群，以增强产业链协同效应。张江科学城被定位为中国的"硅谷"，汇聚了众多高科技企业、科研机构和创新型创业公司，形成了生物医药、人工智能、信息技术等领域的创新生态系统。临港新片区则依托自贸试验区政策，重点发展智能制造、航空航天、新材料等高端制造业，推动科技创新与实体经济深度融合。

这种高端人才与产业集群协同发展的模式，使得上海的科技创新具备了更强的竞争力，并推动了整个城市的产业升级。未来，上海将在全球科技竞争中进一步巩固其创新策源地的地位，构建更加开放、高效的创新生态体系，推动城市经济迈向更高质量的发展阶段。

（四）从试点探索到全球引领

1. 自贸试验区的制度创新探索

上海自贸试验区自2013年设立以来，一直肩负着推动金融开放、贸易便利化、投资自由化等多项制度创新试点任务，成为中国深化改革开放的重要窗口。上海自贸试验区在制度创新方面率先推出"负面清单"管理模式，为外资准入提供更加透明和开放的环境，提升了投资自由化水平。在贸易便利化方面，率先实施海关监管模式改革，如"一线放开、二线安全高效管住"等政策，大幅提升了通关效率。

金融领域的改革是上海自贸试验区的一大亮点。自贸试验区内推出了人民币跨境使用、外汇管理便利化等一系列措施，为人民币国际化提供了宝贵的实践经验。特别是自贸试验区内的自由贸易账户（FT账户）体系，使得企业可以更便捷地进行跨境投融资操作，推动了资本的自由流动。同时，上海自贸试验区的成功经验被复制推广至全国其他自贸试验区，充分发挥了改革先行者的示范作用。

2. 全球资源配置能力的提升

随着上海国际金融中心、国际贸易中心和国际航运中心建设的深入推进，上海的全球资源配置能力显著增强，日益成为全球经济体系中的关键节点。

在国际金融中心建设方面，上海吸引了大量外资金融机构入驻，跨国银行、保险公司、证券机构纷纷在沪设立地区总部或业务中心，推动了金融市场的国际化进程。此外，上海证券交易所积极推进国际化发展，设立"沪港通""沪伦通"等机制，打通了与全球资本市场的联系，提升了资本市场的国际影响力。人民币国际化的步伐加快，使得上海在全球金融体系中的地位日益巩固。

在国际贸易中心建设方面，上海依托自贸试验区及临港新片区等开放平台，进一步拓展了国际贸易网络。通过贸易数字化、智慧物流等手段，上海的贸易服务能力大幅提升，吸引了越来越多的跨国企业在此开展全球业务。此外，上海港作为世界第一大集装箱港口，不断推进港口基础设施现代化，优化全球航运资源配置，使其在全球航运体系中的枢纽地位更加稳固。

3. 向卓越全球城市迈进

目前，上海正加快迈向卓越全球城市行列，力争在科技创新、金融服务和贸易模式等方面引领全球发展潮流。

在科技创新中心建设方面，上海积极打造世界级科技创新策源地。依托张江科学城、临港科技城等创新平台，上海聚焦人工智能、生物医药、集成电路等前沿科技领域，推动新兴产业集群化发展。此外，上海加强国际科技合作，吸引全球顶级科研机构和科技企业落户，努力提升全球科技影响力。

在金融中心建设方面，上海正在加速人民币国际化和资本市场开放，提升全球金融服务能力。例如，上海正推动建立全球资产管理中心，吸引国际金融机构管理全球资产，同时深化金融科技发展，推进数字人民币应用，提升金融体系的现代化水平。

在贸易中心建设方面，上海不断探索新型贸易模式，以适应全球贸易格局的新变化。数字贸易、绿色贸易等新业态逐步兴起，推动上海从传统贸易中心向智能化、可持续化的全球贸易枢纽转型。此外，上海还积极布局跨境电商和服务贸易，提升国际贸易的多元化和智能化水平。

未来，上海将继续深化"五个中心"建设，以全球化视野制定发展战略，不断提升城市能级和核心竞争力。通过持续推进制度创新、科技创新和产业升级，上海不仅将巩固其在全球经济体系中的核心地位，也将为中国乃至全球经济发展贡献更多经验和智慧，真正成为全球引领者。

二、"五个中心"建设的新定位

（一）总体定位

基于上述新形势和国家对上海"五个中心"建设的新要求，上海"五个中心"的总体定位为：与我国经济实力和国际地位相适应，承担国家重大战略使命，代表国家参与全球竞争的具有全球卓越领导力、影响力的国际经济、金融、贸易、航运、科创中心，成为中国迈向全球经济、金融、贸易、航运、科创治理的高端平台。在此进程中，上海需要进一步强化全球经济治理核心枢纽的作用，以数字化、绿色化、智能化为导向，加快产业体系升级，提升全球资源配置能力，实现"五个中心"的协同联动，并通过更高水平的开放、创新和协同，打造制度创新高地，成为全球城市发展的新范式，在国际竞争中持续保持领先地位，并为推动中国式现代化提供有力支撑。

1. 以具有世界影响力的社会主义现代化国际大都市作为"五个中心"的重要载体

习近平总书记在 2023 年 12 月考察上海时强调：上海要完整、准确、全面贯彻新发展理念，围绕推动高质量发展、构建新发展格局，聚焦建设国际经济中心、金融中心、贸易中心、航运中心、科技创新中心的重要使命，以科技创新为引领，以改革开放为动力，以国家重大战略为牵引，以城市治理现代化为保障，勇于开拓、积极作为，加快建成具有世界影响力的社会主义现代化国际大都市，在推进中国式现代化中充分发挥龙头带动和示范引领作用。[1]因此，上海"五个中心"建设要与上海作为我国改革开放的前沿阵地和深度链接全球的国际大都市相连接，要在更高起点上全面深化改革开放，增强发展动力和竞争力。要全方位大力度推进首创性改革、引领性开放，加强改革系统集成，扎实推进浦东新区综合改革试点，在临港新片区率先开展压力测试，稳步扩大规则、规制、管理、标准等制度型开放，深入推进跨境服务贸易和投资高水平开放，提升制造业开放水平，进一步提升虹桥国际开放枢纽能级，继续办好进博会等双向开放大平台，加快形成具有国际竞争力的政策和制度体系。要坚持"两个毫不动摇"，深化国资国企改革，落实保障民营企业公平参与市场竞争的政策措施，打造国际一流营商环境，激发各类经营主体活力，增强对国内外高端资源的吸引力。

2. 以"四大功能"强化作为"五个中心"建设的发展方向

上海作为中国改革开放的前沿城市，在新时代背景下承担着更为重要的使命。随着全球经济格局深刻调整，新一轮科技革命和产业变革加速推进，上海"五个中心"建设的内涵和目标正在发生根本性升

---

[1]《聚焦建设"五个中心"重要使命　加快建成社会主义现代化国际大都市》，《人民日报》2023 年 12 月 4 日。

级。这不仅意味着传统国际化功能的提升，更是向全球资源配置中心、科技创新策源地、国际开放枢纽、产业链关键节点和全球城市治理参与者全面拓展。在全球化与区域化相互交织、数字化与绿色化深度融合的时代背景下，上海必须不断突破自我，抢占国际竞争的制高点，构建面向未来的国际化城市体系。在此过程中，全球资源配置能力的提升是上海"五个中心"建设的重要方向。作为国际金融中心，上海要加快建设全球性资本市场，深化人民币国际化进程，吸引全球资本流入，并增强金融风险管控能力，提升在全球金融体系中的定价权和影响力。作为国际贸易中心，上海要依托自贸试验区和自贸港政策，拓展自由贸易网络，加强跨境电商、服务贸易、数字贸易等新业态新模式，构建全球供应链的枢纽节点。作为国际航运中心，上海要优化港口布局，推进智慧港口建设，提升全球航运资源配置能力，并进一步发展航运保险、航运金融、航运仲裁等高端航运服务，打造全球航运经济的核心枢纽。作为国际科技创新中心，上海要强化科技研发和产业融合，建立更具全球竞争力的科创生态，吸引全球科技资源，推动原始创新突破，构建开放协同的创新体系，以科技创新引领新一轮产业革命。

3. 以现代化产业体系建设引领"五个中心"联动发展

上海的发展正向数字化、绿色化和智能化的方向加速推进。现代产业体系的重构已成为全球竞争的核心要素，上海必须牢牢抓住这一机遇，依托科技创新推动产业升级，加快建设世界级智能制造、绿色能源和数字经济中心。在数字化方面，上海应充分发挥在人工智能、大数据、区块链等领域的技术优势，打造全球领先的数字经济生态体系，推动实体经济的数字化转型，提升全产业链的智能化水平。依照《上海高质量推进全球金融科技中心建设行动方案》，上海将加快建设金融科技基础设施,推进人工智能、大数据、区块链等技术的金融应用,加速金融创新驱动发展。在绿色化方面,上海要进一步深化碳达峰、碳中和政策,推动低碳经济和循环经济发展,加快构建绿色金融、绿色制造、绿色建筑等一体化体系,增强城市可持续发展能力。在智能化方面,上海要依托5G、物联网、智能交通等新技术,加快建设智慧城市,提高城市管理的精细化水平,提升城市治理的现代化能力。

多中心联动发展模式将成为上海未来城市竞争力提升的重要抓手。国际经济、金融、贸易、航运、科技创新五大中心并非相互独立,而是需要通过协同发展形成合力。国际经济中心的建设需要依托金融市场的完善,国际金融中心的建设需要依托实体经济的支撑,国际贸易中心的发展离不开航运体系的保障,而国际科技创新中心的发展则需要资金、贸易、产业的深度融合。通过系统化推进"五个中心"联动发展,上海可以构建更加高效的全球资源配置体系,形成产业链、供应链、资金链、技术链的全面协同,提升城市整体竞争力。

4. 开放高地与制度创新强化上海"五个中心"的全球治理能力

上海在全球经济治理体系中正从区域性中心向全球决策、标准制定和国际规则的深度参与者转型。这要求上海从单纯的经济枢纽城市发展成为全球经济治理的重要力量。《上海国际金融中心建设"十四五"规划》指出,上海将进一步完善金融体系、强化金融创新能力和风险防控水平,深化资本市场改革,扩大人民币国际使用,巩固国际金融中心地位。随着国际经济合作的深化,上海需要加强在全球经济决策中的话语权,通过更高层次的政策创新和制度探索,积极参与全球贸易规则、金融监管、科技合作以及航运治理的制定和优化。在这一过程中，上海不仅要强化自身在全球市场中的影响力，还要推动国内产业与国际市场的深度融合，增强对国际资本、技术、人才、数据等高端要素的配置能力。

开放高地与制度创新是上海实现新定位的关键。全球经济环境的深刻变化对高水平开放提出更高要求，上海必须在更广领域、更深层次推进制度创新，打造具有国际竞争力的市场环境。《中国（上海）自由贸易试验区临港新片区总体方案》作出高瞻远瞩的规划，保障了上海在临港新片区推进更高水平的制度创新，逐步探索形成更具国际竞争力的自由贸易区政策体系。要进一步对标国际高标准经贸规则，在金融开放、数据跨境流动、知识产权保护等方面建立更具吸引力的政策体系，为国际资本、跨国企业、创新人才提供更优质的制度环境。同时，要充分利用自贸试验区和临港新片区的制度创新优势，推动规则、规制、管理、标准等方面的高水平对接，加快形成法治化、国际化、便利化的营商环境，为全球企业提供更加稳定、高效、透明的发展平台。此外，还需要加强对全球治理体系的参与度，深化与国际组织、跨国机构的合作，推动国际公共产品供给，提升在全球经济治理体系中的影响力。

（二）具体定位

1. 国际经济中心新定位：从要素集聚型向全球资源配置型转变

上海作为中国乃至全球经济的重要枢纽，肩负着建设国际经济中心的战略使命。面对全球经济格局的深刻调整，上海正在经历从传统的要素集聚型经济中心向全球资源配置型经济中心的转变。这一转变不仅是经济发展模式的升级，更是上海在全球经济体系中功能与地位的深度再塑。通过加强产业结构优化、提升全球资本、技术、数据流动的枢纽地位，上海正逐步构建一个更加开放、高效、智能的国际经济中心,为全球经济发展提供更强大的资源配置能力。

现代经济体系的核心在于高端制造业与现代服务业的深度融合,推动新兴产业的快速发展,并形成强大的产业集群效应。上海正在加快构建"(2+2)+(3+6)+(4+5)"现代化产业体系,以此来强化自身的国际竞争力。所谓"2+2"即推动先进制造业与现代服务业的深度融合,促进传统产业向数字化、绿色低碳化方向转型;"3+6"是指在集成电路、生物医药、人工智能三大先导产业的基础上,重点发展电子信息、生命健康、汽车、高端装备、先进材料、时尚消费品六大重点产业,从而夯实高端产业链基础,提升全球竞争力;"4+5"则是指聚焦数字经济、绿色低碳、元宇宙、智能终端四大新赛道产业,同时抢占未来健康、未来智能、未来能源、未来空间、未来材料五大未来产业赛道,以科技创新推动新质生产力的发展。《上海市国民经济和社会发展第十四个五年规划和2035年远景目标纲要》明确提出,要围绕创新驱动发展,打造以"三大先导产业"为核心的战略性新兴产业集群,加快建设全球有影响力的现代产业体系。这样的产业体系不仅能够增强上海经济的韧性,也能够使其在全球经济体系中扮演更加重要的角色。

全球经济资源的配置能力不仅取决于产业体系的现代化程度,还需要强大的国际资本、技术和数据的流动枢纽作为支撑。上海作为中国对外开放的桥头堡,正在不断强化自身在全球经济治理中的话语权,并通过一系列改革举措来增强国际资本流动的枢纽功能。总部经济的发展已成为提升上海国际经济中心地位的重要抓手。根据《上海市鼓励跨国公司设立地区总部的规定》,上海积极吸引跨国公司设立地区总部,通过总部经济带动产业链高端要素的集聚与配置。全球跨国企业总部的设立不仅能够带动产业链的升级,也能够为上海提供更高端的人才、资金和技术资源。通过优化外资营商环境、提升政策支持力度，上海吸引了越来越多跨国企业的亚太乃至全球总部落户于此，并带动相关产业链的集聚和发展。

除了总部经济，上海持续深化改革，以更高水平的制度创新推动高端要素的自由流动。自贸试验区是推动国际经济中心功能升级的重要载体，它不仅提供了更加自由的贸易和投资环境，也在资本流动、人才引进、数据跨境流动等方面进行了制度创新。上海自贸试验区的深化改革开放将进一步拓展金融开放的深度和广度，促进人民币国际化进程，并推动全球金融资源在上海集聚。《中国（上海）自由贸易试验区临港新片区总体方案》表明了中央下定决心要以更高水平的开放促进资本、技术、数据等关键要素自由流动，探索全新的上海自由贸易区政策体系。此外，临港新片区的建设则进一步拓宽了上海对外开放的维度，通过制度创新和政策突破，增强其在全球供应链、产业链和创新链中的枢纽地位。临港新片区的高水平开放不仅使上海在国际经济体系中的链接功能更加突出，也使其成为全球先进制造业和现代服务业融合发展的重要试验区。

数字经济的发展正在改变全球经济资源配置的模式，而上海正加速推进数字经济的发展，以提升自身在全球数据流动中的核心地位。在全球经济日益数字化的背景下，数据已经成为新的生产要素，其跨境流动和利用效率直接影响全球经济中心的竞争力。上海正在积极推进数字基础设施建设，加强大数据、人工智能、云计算等领域的技术突破，并推动数据跨境流动的规则体系建设，使其成为全球数字经济治理的重要参与者和规则制定者。通过加强数据与产业、金融的深度融合，上海正逐步提升其在全球数字经济体系中的影响力。

在全球化进程不断深化的背景下，上海的国际经济中心建设已经不再仅仅关注经济总量的增加，而是更加注重全球资源配置能力的提升。产业体系的优化升级、全球资本流动枢纽功能的强化、自贸试验区改革开放的深化、数字经济的快速发展，共同推动了上海从要素集聚型经济中心向全球资源配置型经济中心的转型。未来，上海将在全球经济体系中扮演更加关键的角色，不仅成为全球经济增长的重要引擎，也将成为推动全球经济治理和规则体系完善的重要力量。

2. 国际金融中心新定位：从市场开放型向制度创新型转换

习近平总书记强调，上海建设国际金融中心目标正确、步伐稳健、前景光明，上海期货交易所要加快建成世界一流交易所，为探索中国特色期货监管制度和业务模式、建设国际金融中心作出更大贡献。[1]上海作为我国的经济和金融中心，正面临全球金融格局深刻调整的关键局面。在新时代背景下，上海国际金融中心的建设方向已从单纯的市场开放型向制度创新型转变，强调在深化金融开放的同时，以制度改革和创新为核心驱动力，增强金融市场的国际竞争力，提升全球金融资源配置能力。[2]

推进人民币国际化是上海金融中心建设的关键任务之一。尽管人民币在全球支付结算、储备货币、跨境贸易和投资中的使用比例不断提升，但国际化程度依旧不足。为进一步提高人民币的国际影响力，上海需要加快推进人民币跨境支付体系的完善，提升人民币在全球贸易和投资中的结算能力，构建更高效的跨境资金流动机制。依照《上海国际金融中心进一步提升跨境金融服务便利化行动方案》的规划，上海将进一步优化跨境人民币结算和投融资机制，加快推动人民币跨境使用的便利化和市场化，提升人民币在全球范围内的吸引力和竞争力。通过扩大人民币在国际贸易结算中的使用范围，增强人民币金融

---

[1]、[2] 《聚焦建设"五个中心"重要使命　加快建成社会主义现代化国际大都市》,《人民日报》2023 年 12 月 4 日。

产品的多样性和竞争力，可以进一步巩固人民币作为国际主要货币的地位。此外，推动离岸人民币市场的发展，提高离岸人民币资金池的流动性和使用效率，完善相关金融衍生品市场，有助于提高人民币在全球市场上的吸引力和稳定性。

资本市场开放和创新是提升上海金融中心竞争力的另一重要路径。在全球金融市场日趋复杂的背景下，上海需要在金融市场体系、金融产品创新和资本市场监管等方面不断优化，增强对国际资本的吸引力。深化股票、债券、期货、外汇等市场的开放程度，吸引更多国际投资者参与，提升上海市场的国际化水平。《关于加快推进上海全球资产管理中心建设的若干意见》明确鼓励上海进一步推动资本市场开放，培育和引进国内外领先的资产管理机构，丰富金融产品体系，增强上海全球金融资源的配置能力。同时，推进资本市场制度创新，增强市场的透明度和法治化程度，为全球投资者提供更加公平、公正、高效的金融交易环境。在加强资本市场开放的同时，还需推动金融监管体系的完善，建立更加科学合理的风险控制体系，确保在扩大对外开放的过程中保持市场的稳定性和安全性。

在当前数字经济快速发展的背景下，金融科技成为国际金融中心竞争的关键领域。上海作为全球重要的金融科技中心，需要加快推进数字货币、区块链等新兴技术的应用，提升金融服务的智能化水平。推进央行数字货币（CBDC）在跨境支付中的试点和应用，有助于提升人民币在国际支付体系中的地位，降低跨境支付成本，提高交易效率。同时，区块链技术在金融领域的广泛应用可以提升金融交易的透明度、安全性和可追溯性，为金融市场的高效运作提供技术支撑。此外，加强对人工智能、大数据等技术在金融风控、投资决策和财富管理领域的应用，促进金融科技与传统金融服务的深度融合，提高金融服务的智能化和精准化水平。这也符合《上海高质量推进全球金融科技中心建设行动方案》中有关上海将强化人工智能、大数据、区块链等技术与金融业务深度融合，加快金融科技基础设施建设，打造全球领先的金融科技生态体系的相关要求。

绿色金融的发展是上海金融中心建设中不可忽视的重要领域。全球气候变化和可持续发展目标的推动，使得绿色金融成为国际金融市场的重要趋势。《上海加快打造国际绿色金融枢纽服务碳达峰碳中和目标的实施意见》明确了上海要加快推动绿色债券、绿色基金和碳金融创新，构建绿色金融服务体系，成为全球领先的绿色金融市场。通过建立严格的绿色金融标准，推动企业和投资机构将可持续发展目标纳入投资决策，增强金融市场的环境责任。同时，深化与国际绿色金融组织的合作，推动上海在绿色金融标准制定和市场建设方面发挥引领作用，进一步提升上海在全球绿色金融体系中的影响力。

在建设国际金融中心的过程中，制度创新是上海提升国际竞争力的核心驱动力。与传统的市场开放模式不同，制度创新不仅涉及金融产品和市场体系的优化，还包括法律体系、监管制度和政策环境的完善。上海需要深化金融制度改革，推动金融市场规则与国际高标准接轨，提升制度的透明度和可预测性，为国际金融机构和投资者提供更加稳定和可预期的市场环境。同时，加强金融监管的协同治理，建立更加高效的金融风险防控体系，确保金融市场在创新发展的同时保持安全和稳定。

未来，上海在巩固国际金融中心地位的过程中，需要进一步强化制度创新，深化金融市场改革，推动人民币国际化，促进金融科技和绿色金融的发展，以更高水平的开放和更加完善的制度体系，提升全球金融资源配置能力，增强国际竞争力。通过这一系列举措，上海将从传统的市场开放型金融中心，转变为具备全球制度创新能力的现代化国际金融枢纽，在全球金融体系中发挥更加重要的作用。

3. 国际贸易中心新定位：从商品贸易枢纽向数字贸易中心过渡

上海在新时代背景下，国际贸易中心的建设正经历深刻的转型与升级。作为全球贸易的重要枢纽，上海不仅要继续保持在传统商品贸易领域的优势，更要适应数字化、智能化、服务化的趋势，打造具有全球竞争力的数字贸易中心。这一新定位不仅符合全球贸易格局的变革方向，也契合国家推进高水平开放、构建现代化经济体系的战略目标。在新一轮科技革命和产业变革加速演进的背景下，上海必须以创新驱动发展，加快贸易模式的数字化转型，构建更高效、更智能、更具韧性的贸易体系。

随着全球贸易格局从传统商品贸易向数字贸易、服务贸易等新型贸易形态演变，上海作为中国对外开放的前沿阵地，必须抓住这一机遇，推动跨境电商、服务贸易和数字贸易的发展，进一步提升全球资源配置能力。根据《上海市推进跨境电商高质量发展行动方案（2023—2025年）》的规划部署，上海将深化跨境电商综合试验区建设，鼓励跨境电商主体创新，强化数字化监管服务体系，积极构建跨境电商产业生态，进一步提升数字贸易的竞争优势。跨境电商的快速发展，为全球贸易提供了更加便捷、高效的交易模式，上海应充分利用这一趋势，加快建设"丝路电商"合作先行区，深化跨境电商综合试验区的创新举措，推动跨境支付、物流、供应链管理等领域的数字化升级。同时，要大力发展服务贸易，特别是在金融、法律、文化创意、咨询等高附加值领域，提升上海在全球服务贸易中的影响力。数字贸易作为国际贸易的重要发展方向，依托区块链、人工智能、大数据等前沿技术，推动数据跨境流动、数字产品交易等新型贸易业态发展，是上海国际贸易中心升级的重要抓手。通过加快数字贸易基础设施建设，优化数据跨境流动规则，强化数字技术与贸易场景的深度融合，上海将进一步巩固其在全球贸易体系中的核心地位。

在全球供应链加速重组的背景下，上海必须拓展离岸贸易和供应链管理业务，增强全球供应链节点功能。全球供应链体系正在从传统的线性模式向更加灵活、智能、去中心化的模式转变，上海作为国际贸易中心，必须在这一变革中发挥主导作用。通过优化贸易政策环境，推动跨国公司在沪设立区域性供应链管理中心，上海能够提升在全球供应链网络中的枢纽地位。同时，要鼓励企业创新离岸贸易模式，推动贸易金融、国际结算、风险管理等配套服务的升级，吸引更多全球贸易主体在上海进行离岸贸易业务布局。《上海市推动内外贸一体化试点实施方案》引导上海要深化自贸试验区和临港新片区制度创新，支持跨境供应链管理、保税展示交易和离岸贸易业务，增强上海全球供应链枢纽功能。依托自由贸易试验区和临港新片区的制度创新，上海可以进一步突破传统贸易模式的限制，在供应链管理、国际物流、贸易金融等领域探索更加灵活高效的模式。通过建立供应链大数据平台，提升供应链管理的可视化、智能化水平，上海能够在全球产业链、供应链、价值链重构过程中占据更有利的位置。

在数字经济和全球贸易规则体系不断演进的背景下，上海需要主动融入全球高标准贸易规则体系，推动规则制定与国际接轨，提高在全球贸易治理中的影响力。当前，《全面与进步跨太平洋伙伴关系协定》（CPTPP）和《数字经济伙伴关系协定》（DEPA）等新兴贸易规则正在重构国际贸易格局，其高标准的市场准入规则、数据流动规则、服务贸易规则等对全球贸易体系产生深远影响。上海作为中国对外开放的窗口，应积极对接这些高标准贸易规则，深化贸易体制改革，优化营商环境，探索数据跨境流动、数字支付、数字服务贸易等领域的制度创新。通过构建高标准的国际贸易规则体系，上海可以进一步提升贸易便利化水平，吸引更多国际企业落户，增强其在全球贸易网络中的核心竞争力。此外，要加强国际合作，推动贸易争端解决机制的完善，为全球贸易体系的稳定与可持续发展贡献上海方案。

面对全球贸易格局的深刻变革，上海国际贸易中心的新定位不仅是对传统贸易功能的延续，更是向全球数字贸易枢纽迈进的系统性升级。这一转型需要政府、企业、科研机构等多方协同发力，加快构建具有全球竞争力的贸易体系。通过推动跨境电商、服务贸易和数字贸易发展，拓展离岸贸易和供应链管理业务，并构建高标准国际贸易规则体系，上海将进一步增强全球贸易枢纽功能，在国际贸易体系中占据更加重要的地位。在未来的发展过程中，上海必须持续优化政策环境，加强制度创新，强化全球合作，推动贸易结构优化升级，真正实现从商品贸易枢纽向数字贸易中心的转型，为全球贸易新格局贡献"中国智慧"和"上海方案"。

4. 国际航运中心新定位：从枢纽港口向智慧航运中心转变

上海国际航运中心建设正迎来新的发展阶段。在全球经济格局重构、新一轮科技革命加速推进以及"双碳"目标深化落实的背景下，上海的航运发展正从传统枢纽港口向智慧航运中心转型。这一转变不仅是提升城市全球资源配置能力的必然选择，也是推动中国航运业迈向高端化、智能化、绿色化的重要举措。上海需在智慧港口建设、绿色航运体系打造、航运金融与保险功能强化等方面全面发力，以增强全球航运竞争力，巩固并提升其国际航运中心地位。

建设智慧港口是提升航运效率和竞争力的关键。当前，全球主要航运中心纷纷布局智能化港口建设，以人工智能、大数据、物联网等技术推动航运业数字化升级。上海应充分发挥科技创新优势，加快智慧港口建设，通过自动化码头、智能调度系统、无人驾驶集卡等技术应用，提高港口作业效率，降低人力成本，并优化船舶停靠和货物装卸流程。《提升上海航运服务业能级　助力国际航运中心建设行动方案》为上海加快智慧港口建设，积极推动智能航运技术应用和港口作业模式创新，构建更加高效、智慧的国际航运服务体系提供了政策依据与行动指导。此外，基于大数据和人工智能的航运管理系统可实现精准预测与调度，减少船舶滞港时间，提升整体物流效率。在信息化管理方面，上海应构建全球领先的港口信息互联互通体系，实现航运、海关、货代、金融等多个领域的数据共享，推动航运供应链数字化，为全球客户提供更加高效、透明的港口服务。

打造绿色航运体系是上海迈向可持续航运中心的重要方向。在全球碳中和目标的推动下，航运业正经历一场绿色低碳革命，新能源船舶、清洁燃料、碳排放交易等逐步成为行业发展的重要趋势。《上海市推动国际航运燃料绿色转型工作方案》明确鼓励上海积极推广低碳、清洁能源的应用，推动绿色船舶技术研发及产业化，加快完善绿色航运基础设施建设。上海需积极推动绿色航运技术创新，扩大新能源船舶的应用比例，引导航运企业加快传统燃油船舶的更新换代，推广使用液化天然气（LNG）、氢能、电动等低碳能源船舶。同时，提升岸电设施覆盖率，鼓励靠港船舶使用岸电，减少燃油消耗和空气污染。在碳排放管理方面，上海可借鉴国际经验，推动建立国际航运碳交易市场，探索航运碳税政策和碳信用交易机制，增强在全球绿色航运治理中的话语权。此外，依托长三角一体化发展，上海可与周边主要港口合作，形成区域绿色航运体系，共同提升区域航运可持续发展能力。

强化航运金融和国际航运保险的发展对增强上海国际航运中心的全球资源配置能力具有重要意义。航运产业的高资本密集度决定了金融服务在行业发展中的核心地位，而航运保险则是提升航运中心综合竞争力的重要支撑。上海需进一步完善航运金融服务体系，拓展航运基金、船舶租赁、航运衍生品等创新金融产品，吸引全球航运资本在沪集聚。在国际航运保险领域，上海应积极引进和培育航运保险公司，推动建设全球领先的航运保险市场，提升在国际船舶险、货运险、责任险等方面的业务规模和专业化水平。此外，上海可依托自由贸易试验区和临港新片区的政策优势，探索建立更加灵活高效的航运保险机制，提高国际航运企业在上海市场的参与度。

在全球航运业深度调整的背景下，上海国际航运中心的转型升级不仅是应对挑战的必然选择，更是其提升全球竞争力的重要契机。依照《上海国际航运中心建设"十四五"规划》的相关精神，上海将进一步加强智慧港口建设、绿色航运体系打造以及航运金融服务能力，全面推进航运领域数字化、智能化、绿色化发展。通过以上措施，上海将进一步提升航运服务的现代化水平，实现从传统枢纽港口向智慧航运中心的跨越式升级。未来，上海将在国际航运治理体系中发挥更重要的作用，为全球航运业的高质量发展贡献"中国方案"。

5. 国际科技创新中心新定位：从应用创新向原始创新升级

2023 年 11 月，习近平总书记在上海考察时指出："推进中国式现代化离不开科技、教育、人才的战略支撑，上海在这方面要当好龙头，加快向具有全球影响力的科技创新中心迈进。"[1]

上海作为全球科技创新的重要枢纽，在当前全球科技竞争日益激

---

[1]《上海加快向具有全球影响力的科技创新中心迈进》，《人民日报》2024 年 6 月 9 日。

烈的背景下，必须加快提升创新策源能力，抢占科技发展先机，推动关键核心技术攻关，构建具有国际影响力的科技创新生态体系。面对新一轮科技革命和产业变革，上海不仅要在现有基础上巩固科技优势，更要主动谋划未来科技布局，在全球竞争格局中占据战略高地。

提升科技创新策源功能，是上海迈向国际科技创新中心的关键举措。当前，量子计算、人工智能、生物技术、新能源等未来产业正在全球范围内迅猛发展，成为引领新一轮产业变革的核心动力。上海必须前瞻性地布局这些未来产业，加快推进基础研究和技术突破，打造高水平的科技基础设施体系，推动前沿科技成果的快速转化与应用。量子计算作为颠覆性技术，有望在计算能力、安全加密、材料设计等领域带来革命性突破，上海应依托张江科学城等科研高地，汇聚国内外优势资源，推动量子计算技术研发和产业化进程。人工智能已成为全球科技竞争的重要领域，上海需要深化在智能算法、计算芯片、智能制造、自动驾驶等方面的研究，推动人工智能与实体经济深度融合，催生新的增长点。依照《上海市张江科学城发展"十四五"规划》的部署，上海将重点布局集成电路、人工智能、生物医药、信息安全等战略性新兴产业集群，强化科技基础设施建设，推进原始创新和前沿技术突破。生物技术的快速发展正深刻改变医疗、农业、环境等多个领域，上海应加快推动生物医药、基因编辑、合成生物学等领域的创新应用，提升生物产业的国际竞争力。此外，新能源技术的突破将决定未来全球能源格局，上海应重点在储能技术、新型电池、氢能开发等领域发力，推动绿色低碳产业高质量发展。

强化关键核心技术攻关，是上海提升自主创新能力、确保科技安全的重要保障。长期以来，部分关键技术受制于人，成为科技发展的瓶颈，影响经济高质量发展和产业链自主可控能力。要解决"卡脖子"问题，上海必须加强自主创新能力，推动科技自立自强。要加快构建以企业为主体、市场为导向、产学研深度融合的技术创新体系，鼓励企业加大研发投入，增强创新能力，形成突破关键核心技术的合力。政府应通过政策引导、资金支持、人才激励等多种方式，推动更多企业投身基础研究和前沿技术开发，特别是在半导体、高端制造、生物医药、新材料等领域，力争实现技术突破和产业升级。《关于进一步深化科技体制机制改革 增强科技创新中心策源能力的意见》进一步鼓励上海深化科研体制机制改革，促进政产学研协同创新，突破关键核心技术瓶颈，推动科技成果快速产业化。上海还需充分发挥大型科技创新平台的作用，推动高校、科研院所、龙头企业协同攻关，加快科研成果转化，形成自主可控、安全可靠的产业链供应链体系。

构建国际科技合作网络，是上海打造全球科技创新中心的重要支撑。科技创新具有全球性特征，国际合作已成为科技竞争的重要方式，上海应当在全球科技网络中占据核心地位，积极参与国际合作和规则制定。要充分发挥自身的区位优势、产业基础和政策环境，吸引全球科技企业、研发机构、顶尖科学家落户上海，打造世界级科技创新高地。应加快推进与欧美、亚洲等国家和地区的科技合作，在基础研究、技术开发、产业应用等方面形成优势互补，共同推动全球科技进步。同时，要积极参与国际标准制定和科技治理体系建设，提升上海在全球科技中的话语权和影响力。为进一步增强科技创新能力，上海需要构建完善的人才培养和引进机制，加快引进和培养全球顶尖科技人才。要优化人才政策，提高对全球高端科技人才的吸引力，提供更加开放和便利的工作生活环境，确保上海成为全球创新人才汇聚的中心。要加强科技教育和学科建设，推动高校、科研院所与企业的深度合作，培养具有国际视野和创新能力的科技人才，为科技创新提供源源不断的动力。

科技创新是决定城市未来竞争力的关键,上海要在全球科技竞争中占据主动,就必须不断强化科技创新策源功能,布局前沿科技产业,攻克关键核心技术,构建国际科技合作网络,吸引和培养全球顶尖科技人才。通过这一系列举措,上海将加快迈向全球科技创新中心,提升在全球科技版图中的影响力,为国家科技自立自强和经济高质量发展作出更大贡献。

上海"五个中心"建设的新定位不仅要求城市功能全面升级,更是中国参与全球竞争的重要战略布局。作为全球资源配置的枢纽,上海肩负起引领国家现代化、推动科技自立自强、服务全球经济治理的历史使命。这一定位超越了传统的区域发展视角,以开放、创新、协同为核心,以科技创新为驱动,深度融入全球经济体系。通过强化国际经济、金融、贸易、航运与科技创新的融合,全面提升国际影响力和竞争力。作为中国式现代化的重要实践地,上海将以更高的站位和更大的格局,推动经济高质量发展,构建全球化发展新格局,成为中国联通世界、建构未来的重要引擎。

第四章

新时代上海"五个中心"建设的新内涵

"五个中心"建设，是发挥上海自身优势融入国家现代化经济体系，服务全国改革发展大局的主战场，更好地服务长三角一体化发展，在中国式现代化中发挥龙头带动和示范引领作用的关键所在，也是统筹全市经济社会发展、持续提升城市能级和核心竞争力、推动社会主义现代化建设的主攻方向。因此，新时代上海"五个中心"建设，就是要胸怀"两个大局"，坚持"四个放在"，从站在"国之大者"高度出发，落实和服务好国家战略、维护国家利益以及保障国家安全。[1]

一、以"五个中心"建设承载国家重大发展战略

上海以"五个中心"建设为核心载体，深度融入国家重大战略布局，形成服务全局的系统性支撑。在服务国家重大科技战略方面，聚焦科技策源功能，依托张江科学城等平台攻克量子通信、人工智能"卡脖子"技术，构建"基础研究—协同创新—成果转化"全链条体系，并通过科创板、知识产权证券化等金融工具加速技术产业化。在双循环战略中，发挥"中心节点"与"战略链接"作用，以进博会、自贸试验区及临港新片区为支点，贯通国内超大规模市场与国际高端

---

[1] 朱珉迕：《"五个中心"：使命与逻辑》，《解放日报》2023年12月30日。

资源，通过数字贸易规则创新与长三角一体化物流网络建设，破解要素流动壁垒，推动"以内促外、以外强内"的循环升级。服务"一带一路"倡议方面，强化全球资源配置能力，依托全球港口网络和人民币跨境支付系统（CIPS），促进"一带一路"共建国家基础设施联通与资金融通，并通过绿色金融、智能航运标准输出，助力共建绿色丝绸之路。国家重大战略的协同推进，体现了"五个中心"在制度嵌套、空间重构与系统协同中的战略价值，不仅巩固了上海作为全球城市网络核心节点的地位，更通过技术规则输出与治理经验辐射，为国家参与全球竞争与合作提供了战略支点。

（一）以"五个中心"建设服务国家重大科技战略

1. 国家重大科技创新战略的目标与内涵

重大科技创新战略是我国在新时代提出的关键性国家战略，旨在通过集中资源攻克核心技术难题，推动科技自立自强，从而为构建科技强国提供强有力的支撑。全球正处于以数字经济、人工智能、新能源为代表的新一轮科技革命中，而我国也面临着核心技术"卡脖子"的困境，重大科技创新是推动经济转型的核心驱动力，也是提升国家安全与国际竞争力的重要保障。

重大科技创新战略主要集中在关键重点领域的技术突破上。[1]新一代信息技术，如人工智能、大数据以及5G、6G技术，已经成为全球科技竞争的重要焦点。我国在这些领域的创新不仅能够推动数字经济的发展，还将在各行各业产生深远的影响。例如，5G、6G技术的推广将为智能制造、物联网等新兴产业提供更为强大的通信技术支撑。生物科技领域的创新也是国家科技创新战略的重要组成部分，特

---

[1] 沈湫莎：《超前布局，为创新加速为产业赋能》，《文汇报》2024年10月23日。

别是在疫苗研发和基因工程等方面。生物科技的突破不仅关系到公共健康，也有助于提升我国在全球生命科学领域的竞争力。新能源技术，特别是清洁能源和储能技术，已成为应对全球气候变化和实现可持续发展的关键所在。我国在风能、太阳能等可再生能源领域的技术进步，不仅有助于减少对传统能源的依赖，也将为全球绿色发展提供技术支持。在推动关键领域的技术突破方面，基础研究的加强尤为重要。国家层面已明确提出要增加对基础研究的投入，建设更多国家级重点实验室，提升科研设施的整体水平。基础研究为科技创新提供了源源不断的原始动力，是推动技术创新的基石。同时，国家还积极鼓励企业、高校和科研机构之间的协同创新，推动产学研结合，以缩短科研成果的转化周期，提升技术的实际应用价值。除技术突破和基础研究外，人才战略也是这一战略的重要组成部分。我国长期致力于构建完善的科技人才培养体系，力求打造一支具有国际竞争力的科研队伍。通过吸引高端国际人才，尤其是鼓励青年科研人员进行原创性研究，国家将推动形成更多具有自主知识产权的技术成果，这不仅有助于提升整体创新能力，也为科技自立自强奠定了坚实的人才基础。政策支持方面，重大科技创新战略通过稳定的科研经费支持、优化知识产权保护制度等措施，为科技创新提供了有利的政策环境。健全的知识产权保护制度不仅能够有效保护创新成果，也能够激励更多企业和科研人员加大创新投入，促进科技成果的转化和应用，推动我国科技创新的整体进步。

近年来，随着国家重大科技创新战略的推进，我国在多个重要科学技术领域取得了显著突破，如量子通信领域的"墨子号"量子卫星实现了全球首个卫星量子密钥分发实验，标志着中国在量子科技领域已取得国际领先地位；在 5G 网络建设方面，我国 5G 网络覆盖率全球领先，为智能制造和数字经济的发展提供了强大支持；在疫苗研发和清洁能源技术方面，也为全球抗击疫情和应对气候变化作出了重要贡献，显示出我国在全球科技创新中的积极影响。然而不可忽略的是，我国科技创新能力与发达国家相比仍存在差距，基础研究领域薄弱、科技成果转化率不高以及国际技术封锁等问题依然存在，这对科技创新的持续推动构成了一定挑战，未来必须进一步加大对基础研究的投入，优化创新环境，并深化国际科技合作，[1] 以此提升我国在全球科技创新版图中的地位。

作为全球重要的经济、金融、科技创新中心，上海不仅是国内科技创新的核心力量，也在推动中国融入全球科技竞争与合作的过程中发挥着重要作用，尤其是在突破关键核心技术、加强科技自主创新、深化国际合作等方面具有突出优势。上海要成为国内科技创新的核心城市之一，承担推动国家战略性新兴产业、前沿科技发展及科技成果转化的重任。上海的科技创新不仅服务于国内经济社会发展，还直接与全球科技竞争和合作紧密相连，肩负着增强中国科技自主创新能力与提升国际科技竞争力的重任。

2. 上海服务国家重大科技创新战略的目标、内涵与理论关系

上海在科技创新领域的定位，首先体现在其强大的创新资源和产业基础上。上海拥有全国领先的科研机构和高等院校，如复旦大学、上海交通大学等高校，以及中国科学院上海分院等重要科研平台。上海还拥有丰富的创新资源，包括大量的科研资金、人才、企业等，这为其成为国内外科技创新引领者提供了有力支撑。此外，上海的高新技术产业发展迅速，特别是集成电路、生物医药、人工智能三大先导

[1] 张仁开：《"十三五"时期上海市深化国际科技合作思路研究》，《科技进步与对策》2015年第10期。

产业，上海已经走在全国乃至全球的前列。

在加强基础研究和技术攻关的背景下，上海进一步发挥其在国家重大科技创新战略中的作用。上海的诸多高校和科研院所承担着国家重点科研项目，促进了基础研究的突破，尤其在生物医药、新能源、人工智能等技术的基础研究方面持续取得重要进展，推动了产业的转型升级。通过建设国家实验室、重点实验室等科研平台，进一步提升了上海的基础研究能力，成为国家在重大科技创新领域的技术输出中心。在科技创新人才培养方面的优势也为国家科技创新战略提供了强有力的支持。上海高等教育和科研机构的国际化程度较高，汇聚了大量的科技创新人才，各类高端人才引进计划吸引了全球顶尖科学家和技术人才的集聚，并通过加强与国际科研机构和高科技企业的合作，进一步提升了技术创新的深度和广度。特别是在青年人才的培养方面，上海注重通过产学研结合模式，激发年轻科研人员的创新潜力，科技体制改革的深化也为创新型企业提供了更加便捷的政策环境。

上海"五个中心"建设与国家重大科技战略之间有以下三个方面的理论关系。

从复杂系统理论视角，上海"五个中心"构成一个动态演化的创新生态系统，其与国家科技战略的协同本质上是子系统间的非线性互动与功能耦合。科技创新中心作为系统的"序参量"，通过知识生产和技术扩散主导系统演化方向，而金融、贸易、航运与经济中心则分别承担资源调配、渠道链接、空间承载和价值实现的支撑功能。这种协同机制突破了传统"要素堆砌"的发展模式，转向"结构涌现"的系统升级。在功能耦合层面，"五个中心"形成"创新—资本—市场—物流—产业"的闭环回路：科技创新中心的技术突破通过金融中心的资本催化加速产业化进程，贸易中心的全球网络为技术扩散提供市场接口，航运中心的物流体系降低技术转移的空间摩擦，经济中心的产业集群则完成技术经济范式的规模化落地。这种耦合关系并非简单的线性传导，而是通过"正反馈—自适应"机制实现协同增效。例如，金融中心的资本定价功能反向作用于科技创新方向选择，贸易中心的规则制定权重构技术标准竞争格局，经济中心的区域辐射力则重构创新要素的空间分布。系统论视角下，"五个中心"的协同本质上是"功能专业化"与"系统集成化"的辩证统一，其协同度取决于子系统间能量交换的效率和制度性交易成本的压缩水平。

制度经济学框架下，"五个中心"协同机制的核心在于"制度嵌套"与"规则互构"。国家科技战略的实施需要突破传统制度壁垒，而上海通过自贸试验区、长三角一体化等制度试验，构建了多层嵌套的制度创新体系。科技创新中心的"知识生产制度"与金融中心的"风险投资制度"形成互补：前者通过知识产权证券化、职务发明权属改革等制度设计激活创新供给，后者则通过科创板注册制、跨境资本流动便利化等工具优化创新资源配置。这种制度嵌套在三个层级上展开：微观制度层面，建立"负面清单＋正向激励"的混合规制模式，在生物医药、人工智能等领域实行包容审慎监管，降低创新试错成本；中观制度层面，通过长三角科技资源共享平台、G60科创走廊等区域制度安排，破解行政边界导致的要素流动阻滞；宏观制度层面，对接CPTPP、DEPA等国际高标准规则，在数据跨境流动、绿色技术认证等领域构建"中国规则"输出通道。制度嵌套的深层逻辑在于构建"适应性效率"——通过制度弹性适应技术变革的不确定性。例如，贸易中心的数字贸易规则与科创中心的数据治理规则形成联动，既保障数据主权又促进技术跨境合作；航运中心的"智慧港口"标准体系与科创中心的物联网技术标准相互渗透，推动物流与信息流的规则一体化。这种制度互构不仅降低系统内耗，更通过规则外溢效应将上海的制度创新转化为国家参与全球科技治理的战略工具。

从空间政治经济学理论来看，"五个中心"协同机制的空间表达是"全球—地方"张力下的创新网络重构。科技创新中心通过"集中式研发集群"与"分布式创新节点"的拓扑结构，重塑全球创新地理格局。金融中心的资本网络、贸易中心的供应链网络、航运中心的物流网络与经济中心的产业网络相互叠加，形成多尺度嵌套的创新空间体系。全球尺度上，依托自贸试验区临港新片区、虹桥国际开放枢纽等战略空间，构建链接全球创新资源的接口。通过离岸创新基地、跨境研发合作区等空间载体，实现技术要素循环与转化的协同；区域尺度上，以长三角生态绿色一体化发展示范区为试验场，探索跨行政区创新共同体建设。通过"飞地经济""共管园区"等空间治理创新，破解区域协同中的行政区束缚；城市尺度上，在张江科学城、杨浦滨江等区域打造创新街区，通过混合用地与功能复合的空间政策，促进"基础研究—中试转化—商业应用"的空间压缩与效率提升。这种空间重构的本质是"流动空间"对"地方空间"的赋能与超越。航运中心的国际航线网络与科创中心的技术扩散路径形成空间协同，经济中心的城市群辐射力与贸易中心的全球市场渗透力构建双循环空间支撑。在拓扑演化中，上海既作为全球创新网络的"核心节点"，又扮演国内创新体系的"结构洞桥梁"，通过空间策略的精准设计实现"全球控制力"与"地方根植性"的有机统一。

3. 上海服务国家重大科技创新战略的具体举措

（1）聚焦科技策源功能，攻克关键核心技术

上海"五个中心"建设以科技创新中心为核心，聚焦国家"卡脖

子"技术问题，在基础研究、协同创新和成果转化上形成全链条服务能力。《上海市建设具有全球影响力的科技创新中心"十四五"规划》中明确提出，要加快张江科学城建设，打造具有全球影响力的科技创新策源地。围绕这一目标，张江科学城布局了包括上海光源二期、超强超短激光装置等在内的一批重大科技基础设施，为量子通信、生物医药、新材料等前沿领域的基础研究提供支撑。同时，依托复旦大学、上海交通大学等高校的科研能力，以及中芯国际等龙头企业，上海在集成电路和生物医药领域实现了多项技术突破。例如，复旦大学与企业合作，攻克了芯片制造的关键工艺问题，助力集成电路国产化。此外，通过产学研协同创新机制，推动创新成果的快速转化，进一步巩固了上海作为科技创新策源地的地位。

（2）创新金融服务模式，助推科技发展

上海通过"五个中心"建设强化金融中心功能，创新金融服务模式，为国家重大科技战略提供持续的资金保障。WIND 数据库显示，科创板自 2019 年推出以来，截至 2024 年 12 月已支持 580 余家硬科技企业上市，涵盖了集成电路、人工智能、新材料等国家重点发展的领域。《上海国际金融中心建设"十四五"规划》提出，要通过资本市场服务创新型企业，推动高科技成果转化。除科创板外，上海还推出了知识产权质押贷款、科技成果转化基金等多种创新金融工具，为中小科技企业解决了早期研发资金短缺的问题。截至 2024 年 5 月末，浦发银行上海分行科技贷款规模超 1100 亿元。[1] 同时，依托自贸试验区临港新片区的政策优势，上海吸引全球资本参与科技企业的投资，形成科技金融与产业发展的双向赋能格局。

---

[1]《浦发银行上海分行：激发科技金融"牵引力"，赋能创新发展》，人民网，2024 年 6 月 24 日。

（3）加速技术落地，赋能产业转型

上海"五个中心"建设以数字化转型为突破口，通过智能化技术的广泛应用服务国家重大科技战略。上海要强化人工智能、大数据、信息通信技术的应用示范能力，加速智慧城市建设。依托"一网统管"，上海实现了城市运行管理的数字化和智能化，为社会治理、交通管理、医疗服务等领域提供了高效解决方案。在产业层面，临港新片区推动智能技术与工业互联网融合，打造智能制造示范项目。例如，特斯拉超级工厂采用智能生产技术，极大提升了新能源车制造的效率和智能化水平。此外，上海每年举办世界人工智能大会（WAIC），吸引了全球顶尖企业和科学家，共同推动 AI 技术在医疗、金融、交通等领域的产业化应用，为国家数字经济战略提供了强大支撑。

（4）打造全球科技枢纽，连接国家与世界

通过强化"五个中心"中的贸易和科技创新功能，上海正逐渐成为国家科技开放合作的重要枢纽。《浦东新区高水平改革开放建设方案》指出，上海要进一步对接全球科技创新资源，打造国际科技合作桥梁。世界人工智能大会、中国国际进口博览会等重大国际活动，使得上海成为先进产品与技术引入和输出的重要平台。例如，进博会上，辉瑞、罗氏等国际药企与中国企业在基因治疗、疫苗技术等领域签署了合作协议，将核心研发能力引入国内。与此同时，上海还与多个国家和地区共建国际合作实验室，持续推动科学领域的重要技术进步。此外，依托自贸试验区政策，不断优化跨境技术转移机制，吸引跨国公司设立研发中心，充分提升了国家在国际科技竞争中的地位。

（5）建设全球化人才高地，筑牢创新根基

人才是国家重大科技战略的核心支撑，上海通过"五个中心"建设，持续打造国际化人才高地。上海提出要构建高水平科技人才体系，强化全球顶尖科学家的引进和本地人才的培养。通过"浦江人才计划""张江人才计划"等专项政策，上海吸引了一大批国际化高端人才。例如，张江科学城已集聚了一批高层次科技人才，覆盖人工智能、生物医药、集成电路等关键领域。上海也通过完善落户政策、建设人才公寓等措施，优化了科技人才的工作和生活环境，进一步巩固了人才集聚优势。

（6）优化创新环境，激发发展活力

《上海市建设具有全球影响力的科技创新中心"十四五"规划》提出，要完善知识产权保护体系和科研管理制度，为创新活动提供法治支持。上海知识产权法院通过提升专利纠纷审理效率，保障了科技企业的创新权益，同时试点科研成果转化机制，赋予科研人员更大的成果转化自主权。例如，在张江科学城，科研人员可以充分参与技术转化，显著缩短成果落地的时间周期。在持续加大研发投入背景下，《2024上海科技进步报告》数据显示，2023年上海全社会研发投入占GDP的比重保持在4.4%左右，为国家重大科技战略提供稳定资金支持。这些政策举措有效激发了全社会的创新活力，为国家在核心技术领域的持续突破提供了有力保障。

（二）以"五个中心"建设服务国家双循环战略

1. 国家双循环战略的目标与内涵

双循环战略是我国"十四五"规划中提出的重要发展战略，核心在于要构建"以国内大循环为主体，国内国际双循环相互促进"的发展格局，增强国内经济的韧性和自主性，同时深化对外开放，推动中国经济向高质量发展迈进。在全球经济格局发生深刻变化和国际经济环境不确定性增加的背景下，双循环战略的提出回应了内外部挑战，意在提升中国经济综合竞争力和可持续发展能力。

双循环战略的核心是明确国内大循环为主体，推动国内经济在消费、投资、产业升级等方面取得突破，以增强国内经济的内生动力。国内大循环的关键在于全面释放内需潜力，扩大消费和投资来促进国内市场的有效需求，增强内需的支撑作用，为经济增长提供长期动力。加快产业转型升级是双循环战略的重要组成部分。中国在全球经济转型中面临着从低端制造向高附加值环节攀升的转型压力，通过推动制造业的转型和科技创新，不仅能够提高产业链的附加值，还能增强我国在全球供应链中的地位。在强化国内大循环的同时，双循环战略也强调国际循环的作用，并且要求国内国际双循环相互促进。在保持高水平对外开放的前提下，稳步推进外贸稳定增长，优化出口结构，加强国际合作和资源流动，增强我国经济的外部动力。外资的利用将成为提升国内经济活力的重要途径，吸引高质量外资、推动外资项目在国内的落地，是提高国内经济的技术水平和产业结构升级的重要手段，有助于我国更深层次地融入全球产业链。

2. 上海以"五个中心"建设服务国家双循环战略的目标、内涵与理论关系

根据上海市"十四五"规划，上海在双循环战略中的定位是"国内大循环的中心节点、国内国际双循环的战略链接"。这一定位明确了上海在我国经济发展国家战略中的关键角色，其不仅在推动国内大循环方面发挥着核心作用，同时也在促进国内国际双循环的相互作用中充当着重要的战略链接枢纽。

首先，上海是国内大循环的中心节点。国内大循环的核心是扩大内需、推动消费和投资，释放国内市场的潜力，增强经济内生动力。在这一背景下，上海作为中国经济总量最大的城市之一，具有极为庞大的市场需求和完善的产业体系。上海的消费市场是全国最为活跃的

市场之一,居民收入水平较高且消费潜力较大,其服务业、金融业、高端制造业以及现代信息技术产业等多个行业都在国内市场中占据着重要地位,推动着内需的扩展和产业的升级。在科技创新和产业转型方面,上海也扮演着重要角色,尤其是在人工智能、生物医药、信息技术等领域的快速发展,推动了高质量产业链的建设,为国内经济转型提供了支撑。上海在推动国内大循环方面的作用,不仅体现在消费和投资的增长上,更在于优化产业结构、提升制造业核心竞争力和加强技术创新方面的推动力。通过增强自主创新能力,提升科技产业的整体水平,为国内经济的高质量发展注入了强大的动力,符合双循环战略提出的通过促进国内生产、流通和消费来增强国内经济的自我驱动力的目标。

其次,上海是国内国际双循环的战略链接。双循环战略的核心是推动国内大循环和国际循环相互促进,上海则承担着连接国内经济和全球经济的重要功能。上海港是全球最大的货运港之一,国际航运和物流网络密集,在推动国际贸易和资本流动中发挥着至关重要的作用。临港新片区、全球金融市场和先进数字经济平台的建设,进一步强化了上海在国际经济格局中的重要位置。上海不仅能够利用外部市场的机会,推动国内企业"走出去",而且还为全球投资者搭建了进入中国市场的桥梁,促进了外资流入和跨境合作。同时,上海在全球价值链中的作用愈加突出,不仅加强了与"一带一路"共建国家的经济合作,还通过引领全球供应链、产业链的深度融合,推动中国制造和中国品牌走向世界。通过积极推动外资引进和创新合作,不断优化国际经济合作与竞争的环境,在这一过程中实现了国际资源的有效配置,增强了我国在全球产业分工中的话语权。

上海"五个中心"与双循环战略存在三个方面的互动逻辑:

从结构功能主义理论出发，上海"五个中心"与双循环战略的互动本质上是经济子系统功能重构与社会大系统战略目标的动态适配过程。经济中心作为资源配置的核心枢纽，通过要素聚合与价值裂变机制，将国内市场的规模优势转化为国际竞争的战略势能。金融中心通过资本定价权与风险定价机制的重构，破解科技创新困境，使技术突破不再受制于短期资本回报率的刚性约束。贸易中心与航运中心则形成"规则—物流"的双重赋能，前者通过数字贸易规则创新降低制度性交易成本，后者依托全球航运网络压缩物理性流通摩擦，共同疏通国内国际双循环的梗阻节点。这种功能整合的深层意义在于打破传统"两头在外"发展模式的路径依赖，构建"以内促外、以外强内"的循环升级机制。科技创新中心的策源功能与经济中心的辐射功能形成协同，既通过基础研究突破提升国内产业链自主性，又借助技术扩散效应增强国际循环中的规则话语权，最终实现供给质量升级与需求结构优化的双向协同。

基于演化经济学的"路径创造"理论，"五个中心"与双循环战略的互动呈现为"技术—制度—空间"协同演化的适应性过程。经济中心通过制度弹性设计突破既有发展模式的锁定效应，金融中心的风险资本配置机制与科创中心的技术突变能力形成耦合，催生新技术经济范式的萌芽。贸易中心的规则迭代与航运中心的网络扩展相互强化，在国际循环中构建非对称竞争优势。这种演化过程的核心矛盾在于规模经济与范围经济的动态平衡：航运中心的全球网络密度支撑国际循环的规模效应，而贸易中心的差异化服务能力激活国内市场的范围经济潜能。金融中心的资本流动性与科创中心的技术专用性形成辩证统一，前者通过跨周期投资机制缓解技术创新的高风险属性，后者则通过专利壁垒构建增强资本回报的可持续性。在此过程中，制度创新的"适应性效率"成为关键因素，自贸试验区的压力测试机制有效降低制度变迁的摩擦成本，使国内大循环的安全可控诉求与国际循环的开放升级目标实现动态兼容。这种演化逻辑的深层指向是形成"超大规模市场 × 全球资源配置"的复合竞争优势，突破后发国家在技术追赶与规则适应中的被动困境。

多中心治理理论视角下，"五个中心"与双循环战略的互动本质上是治理权重的重新分配与规则体系的层级再造。经济中心通过区域一体化实践将国家战略意志转化为市场化运行规则，金融中心的资本定价权与贸易中心的商品定价权协同突破，在国际循环中构建人民币计价的战略支点。科创中心的技术标准输出与航运中心的物流规则创新形成联动，在数字贸易、绿色航运等新兴领域确立中国规则的渗透通道。这种规则重构遵循"试验—扩散—内化"的渐进路径：长三角生态绿色一体化发展示范区的制度创新为国内大循环提供区域治理模板，自贸试验区临港新片区的跨境数据流动规则成为国际循环中的制度公共产品。治理弹性的构建成为核心要义，通过"刚性战略框架"与"柔性实施机制"的有机结合，既维护产业链供应链安全底线，又保持参与国际高标准规则对接的灵活性。航运中心的"智慧港口"标准体系与科创中心的物联网技术规范相互渗透，形成硬技术标准与软制度规则的捆绑输出模式。这一治理逻辑的深层价值在于重构全球价值链的权力结构，将传统"中心—外围"体系中的规则接受者身份转化为"节点—网络"生态中的规则共治者角色，最终实现国家战略实施与全球治理变革的深度嵌合。

3. 上海以"五个中心"建设服务国家双循环战略的具体举措

（1）服务全球资源配置，助力双循环互促互进

上海以强化全球资源配置能力为抓手，推动双循环战略的实施。在

经济中心建设方面，《上海市促进经济高质量发展行动方案》和《长三角区域一体化发展规划纲要》明确提出，要吸引跨国公司总部、全球供应链管理机构和高端服务业集聚，优化资源配置能力。例如，借助进博会，精准对接国内消费升级需求，将全球高端资源引入国内市场。在金融中心建设中，不断推动人民币国际化，打造全球资本流动的枢纽，《关于进一步扩大金融业对外开放的实施意见》指出要吸引国际银行、保险及资管机构进入中国市场。同时，贸易中心以《中国（上海）自由贸易试验区临港新片区总体方案》为指引，通过制度创新提升国际贸易集散和供应链服务能力。这些政策的联动实施，使上海在内外循环中成为高效衔接的资源配置平台，助力全球经济资源为国内发展服务。

（2）促进科技创新，构建长期发展引擎

科技创新是"五个中心"建设的核心，也是推动双循环的关键动能。在科技创新中心建设中，上海通过《张江科学城建设规划》和《国家中长期科技发展规划纲要（2021—2035年）》明确发展方向，聚焦生物医药、人工智能、量子科技等前沿领域，打造具有全球影响力的原始创新策源地。比如，张江科学城已成为生命科学领域的创新高地，为推动内循环产业升级提供了技术支撑。同时，经济中心建设也融入了创新驱动理念，《上海市工业互联网创新发展应用三年行动计划（2017—2019年）》指出要推动"数字经济＋制造业"的深度融合，发展高附加值产业集群。这些政策的实施，不仅强化了上海作为科技创新高地的地位，也为国内高质量发展注入了持续的创新动力。

（3）打造国际航运物流枢纽，促进内外循环畅通

上海在国际航运中心建设中，以物流网络优化和制度创新为重点，通过《上海国际航运中心发展"十四五"规划》和《长江经济带发展规划纲要》明确发展目标，打造内外循环联通的重要枢纽。洋山

深水港通过智能化升级，建设全球领先的自动化港口，为国际物流提效增速提供技术支持。浦东国际机场则依托上海浦东国际机场三期扩建工程，优化航空货运和跨境电商物流服务能力，成为空运和跨境物流的重要节点。同时，在贸易中心建设方面，依托上海自贸试验区临港新片区制度创新，优化保税物流政策，推动国际贸易数字化和物流一体化发展。航运物流网络与经济中心建设相辅相成，长三角一体化物流网络的建设推动了区域物流畅通，增强国内资源流动效率。上述政策协同推进，确保了上海作为双循环核心枢纽的战略地位，有效促进了内外市场资源的高效流动。

（4）引领消费升级，畅通国内大循环

消费升级是畅通国内大循环的重要环节，上海通过"五个中心"建设，全面推动国内市场与国际市场的高效衔接。经济中心建设以《上海市建设国际消费中心城市实施方案》为依托，通过引入全球高端消费品牌、优化商业模式和消费场景，不断提升国际消费品展示交易能力。例如通过举办全球新品首发活动，上海成为国际品牌进入中国市场的首选地。同时，贸易中心依托《关于支持国际消费中心城市培育建设的若干措施》和跨境电商政策创新，优化进口商品流通渠道，扩大优质消费品供应，满足国内消费升级需求。航运中心则通过冷链物流体系建设和航空货运能力优化，依托《上海市推进国际航运中心建设条例》提供高效流通保障，使高端商品快速送达全国消费者手中。通过上述创新实践，上海在国内消费市场中发挥了引领作用，不仅满足了日益增长的中高端消费需求，还通过消费与贸易的联动，进一步畅通了国内大循环。

（三）以"五个中心"建设服务国家"一带一路"倡议

1. 国家"一带一路"倡议的目标与内涵

"一带一路"是"丝绸之路经济带"和"21世纪海上丝绸之路"

的简称，2013 年我国提出建设"一带一路"重大合作倡议，目标在于通过区域经济一体化、互联互通和文化交流，推动共建国家和地区的协同友好发展，也是驱动国内经济转型、优化资源配置的重要抓手。推进"一带一路"建设工作领导小组办公室于 2023 年发布《坚定不移推进共建"一带一路"高质量发展走深走实的愿景与行动——共建"一带一路"未来十年发展展望》，点明未来发展重点领域和方向包括政策沟通、设施联通、贸易畅通、资金融通、民心相通、新领域合作六个方面。近年来，中欧班列、能源基础设施项目和亚投行成立等成果显著提升了我国与共建国家的互联互通水平，同时也仍然面临国际政治风险和资金可持续性等挑战，未来必须进一步在共建共赢和绿色发展的方向上持续推进。"一带一路"倡议的本质要求是积极推动国内外经济的互联互通，加强与共建国家的政策协调、基础设施建设和经贸合作，尤其是通过开放型经济的建设和国际化资源的整合，助力构建区域经济共同体。

2. 上海"五个中心"建设服务国家"一带一路"建设的目标、内涵与理论关系

把上海自贸试验区建设成为服务国家"一带一路"建设、推动市场主体走出去的桥头堡，是习近平总书记从全局高度对上海提出的新要求。上海在"一带一路"倡议中的重要地位源自独特的地理位置、强大的经济实力和国际化的城市特征，其不仅是中国对外开放的重要窗口，也是"一带一路"建设中的核心枢纽。[1]首先，优良的地理位置使其成为连接中国与世界的天然桥梁。上海地处中国东部沿海，是中国最重要的港口之一，也是全球最大货运港之一，在"一带

---

[1] 邹磊：《上海进一步对接"一带一路"战略的思路与对策》，《上海经济研究》2016 年第
11 期。

一路"倡议中的"海上丝绸之路"部分具有重要战略意义。作为海上丝绸之路的关键节点，上海不仅推动了中国与"一带一路"共建国家和地区的贸易往来，而且也促进了物流、人员、信息等多领域的互联互通。发达的港口和航运网络为区域内的资源流动与经济合作提供了极大便利，为"一带一路"共建国家和地区的经济整合提供了支持。其次，上海作为我国具有一定辐射影响力的金融中心，在"一带一路"倡议中的"资金融通"方面具有重要作用。上海的金融体系较为发达，能够提供基础较为坚实的多样化金融服务。在"一带一路"倡议的推动下，上海为共建国家的基础设施建设、贸易往来等提供了融资渠道。通过跨境人民币结算、外汇交易等金融服务，上海能够为"一带一路"共建国家和地区的企业提供融资支持，并在资本市场上发挥纽带作用，促进区域内经济的合作与互通。作为中国的改革开放前沿，自贸试验区为"一带一路"倡议中的政策沟通提供了范本。如在贸易自由化、投资便利化、法律环境建设等方面的改革创新，能够为其他国家的政策改革提供借鉴。在"一带一路"倡议的实施过程中，通过政策对接，推动了我国与共建国家和地区的更紧密合作，特别是在"一带一路"倡议中的基础设施建设、贸易便利化等方面起到了至关重要的作用。上海的开放性和包容性使得来自不同文化背景国家和地区的民众能够在这里进行交流，从而增进不同国家之间的理解和信任，推动民心相通，促进"一带一路"倡议的可持续发展。

上海"五个中心"建设与"一带一路"倡议之间存在以下三个方面的理论关系。

全球价值链理论揭示，规则对接的本质是价值链治理权的重新配置。上海"五个中心"通过"技术标准—产业规则—治理框架"的层级渗透，重构"一带一路"合作中的价值链权力结构。科技创新中心的技术扩散路径与航运中心的物流网络形成战略协同，在数字基础设施、绿色能源等新兴领域构建"中国标准"的嵌入式权力。这种嵌入遵循"硬技术绑定软规则"的逻辑：北斗导航系统在跨境物流中的应用不仅提升运输效率，更通过数据主权规则重塑共建国家和地区的技术依赖关系。金融中心的人民币跨境支付系统与贸易中心的数字口岸规则形成复合嵌套，在结算效率与数据安全的双重维度构建非对称优势。这种规则嵌入的深层动力源于全球价值链的"双重断裂"——传统跨国公司主导的链式结构被数字技术解构，"五个中心"通过"技术规则＋制度创新"的组合策略，在价值链重构中抢占治理制高点，将区域性合作升级为规则主导型价值链体系。

基于网络治理理论来看，"一带一路"规则对接是节点城市与区域网络的动态互联过程。上海作为全球城市网络的核心节点，通过"五个中心"的功能协同形成"规则辐射极"，其作用机制体现为"强关系嵌入"与"弱关系拓展"的辩证统一。经济中心通过长三角一体化实践积累的区域治理经验，转化为"一带一路"南南合作中的制度范式；金融中心的离岸债券市场规则与航运中心的船舶注册制度形成强关系纽带，在东南亚、中东欧等战略支点国家建立规则示范。弱关系拓展则表现为科创中心的技术溢出效应，通过联合实验室、技术转移中心等松散耦合机制，将中国标准渗透至共建国家的创新网络。这种互联逻辑的核心矛盾在于"规则统一性"与"制度多样性"的平衡：在数字贸易领域推行模块化规则组件，允许共建国家和地区根据发展水平选择性接入；在绿色转型领域实施梯度标准体系，构建"共同但有区别"的责任框架。网络治理的终极目标是形成核心节点规则主导、次级节点规则适配、边缘节点规则跟随的弹性架构，在保持中国规则影响力的同时增强制度包容性。

制度同构理论框架下，规则对接是强制性、模仿性与规范性三种同构机制共同作用的结果。上海"五个中心"建设通过差异化策略推动"一带一路"规则演化：航运中心以港口投资为杠杆实施强制性同构；金融中心通过亚投行等多边平台引导模仿性同构；科创中心则依托技术援助项目实现规范性同构。这种演化逻辑的独特性在于"制度反哺"机制，即在基础设施领域输出的硬规则，通过共建国家的本土化实践反馈至国内制度创新，形成规则输出、实践检验、迭代升级的闭环。更深层的理论突破在于破解"制度移植悖论"，传统南北合作中的规则移植往往引发文化冲突，而"五个中心"通过技术规则先行、社会经济规则渐进与政治规则慎行的分层策略，降低制度摩擦成本，构建具有文明兼容性的规则演进路径。

3. 上海"五个中心"建设服务国家"一带一路"倡议的具体举措

（1）促进国际合作与互联互通

上海作为全球重要的经济和航运中心，凭借其优越的地理位置和先进的港口设施，在"一带一路"倡议中发挥了枢纽作用。通过提升港口的自动化和智能化技术，上海港大幅提高了物流效率，降低了运输成本，为"一带一路"共建国家和地区提供了高效、便捷的物流支持。通过与共建国家和地区合作共建工业园区、输出生产管理模式和技术，帮助合作地加快工业现代化，促进了区域经济一体化。上海提出要加强港口建设、优化物流网络，进一步推动"一带一路"共建国家和地区的资源流动和经济合作，确保上海在区域经济合作中的关键枢纽角色。这些举措不仅增强了上海与"一带一路"共建国家和地区之间的经济联系，也提高了区域内的互联互通能力。

（2）增强资金融通与金融服务

上海作为国际金融中心，在"一带一路"倡议中承担了重要的资金融通职能。通过人民币跨境支付系统促进了人民币的国际化，并为"一带一路"共建国家和地区提供了便捷的人民币结算渠道，降低了跨境交易成本。通过绿色金融工具如绿色债券，为"一带一路"共建国家和地区提供了清洁能源和绿色基础设施项目的融资支持，助力其实现可持续发展，并且以强大的资本市场和金融体系，帮助当地企业获得融资，推动了双向资本流动。为进一步加强金融合作，上海发布了《上海国际金融中心建设"十四五"规划》，明确提出要推动人民币国际化，优化金融服务，促进"一带一路"共建国家和地区的经济发展和金融资源的有效配置。

（3）推动绿色发展与可持续发展

上海通过绿色金融和绿色航运等举措，推动了"一带一路"共建国家和地区的绿色转型。在金融方面，上海通过创新绿色金融产品支持"一带一路"共建国家和地区的清洁能源和绿色基础设施项目的实施。上海港作为国际航运中心，通过岸电技术和智能化航运系统，减少了船舶碳排放和能源消耗，推动绿色航运技术的发展。上海在绿色发展方面的成就得到了政策的强力支持，尤其是在《上海加快打造国际绿色金融枢纽服务碳达峰碳中和目标的实施意见》中明确提出，要加大绿色金融产品的创新力度，支持"一带一路"共建国家和地区的绿色项目融资。这些举措不仅助力中国的绿色发展，也为"一带一路"共建国家和地区的绿色经济转型提供了资金和技术支持。

（4）促进科技创新与产业升级

《上海市推进科技创新中心建设条例（2020年）》明确提出，上海将通过科技创新促进"一带一路"共建国家和地区的产业升级，推动科技成果的转化应用，推动技术合作，为全球科技进步作出贡献。科技创新中心通过推动与"一带一路"共建国家和地区在高技术领域的深度合作，加速了产业升级和技术进步。上海依托张江科学城等科研平台，推动了与"一带一路"共建国家和地区在人工智能、高端装备和生物医药等领域的技术合作和成果转化。通过国际化的研发合作，帮助其提升科技创新能力和产业水平，促进了产业链的优化和升级。同时，通过发展数字经济，进一步推动其数字化转型，为全球产业的融合和技术的进步提供了支持。

（5）提升贸易便利化与内外贸一体化

上海作为国际贸易中心，通过提升港口自动化、优化物流和供应链管理，推动了"一带一路"共建国家和地区的贸易便利化。上海港通过智能化作业系统和自动化设备，显著提高了货物运输效率，减少了物流成本，为"一带一路"共建国家和地区提供了便捷的贸易通道。通过推动内外贸一体化，帮助国内企业拓展国际市场，提升了中国制造的全球竞争力。《上海市推动内外贸一体化试点实施方案（2023年）》提出，将优化进出口商品流通路径，促进消费升级，并推动出口商品生产与配送体系的升级，进一步推动内外贸的融合。这些切合实际需求且目标导向明确的创新实践举措，不仅提升了贸易便利化水平，也推动了"一带一路"共建国家和地区之间的经济合作。

二、以"五个中心"建设承载国家高质量发展目标

上海以"五个中心"建设为抓手，系统服务国家高质量发展战略。高质量发展以创新驱动、绿色低碳、协调开放为核心目标，上海通过重构要素配置、强化创新协同与深化制度创新，探索现代化

发展路径。在要素升级层面，科技创新中心聚焦人工智能、生物医药等领域的技术突破，金融中心优化资本对实体经济的支持，航运与贸易中心降低跨境交易成本，经济中心依托长三角一体化推动资源高效流动。绿色转型实践中，上海港通过岸电设施改造减少碳排放，形成绿色金融与低碳技术协同机制。开放创新方面，数字贸易港的区块链平台与自贸试验区离岸贸易试点提升国际贸易效率，吸引众多跨国公司总部集聚虹桥枢纽，强化全球资源配置能力。治理现代化上，知识产权法院完善创新生态，长三角海铁联运优化区域协同，"一网通办"平台提升公共服务效率。理论层面，上海通过要素结构升级、全要素生产率提升、技术创新与制度适配等机制，为全国高质量发展提供实践范例。

（一）国家高质量发展的核心目标与内涵

高质量发展是我国适应新时代社会主要矛盾转化的重要战略选择，其核心目标是推动经济社会发展从速度型转向质量型，以满足人民日益增长的美好生活需要为导向。首先，创新驱动是高质量发展的核心动力，要通过关键核心技术攻关、强化基础研究和推进产业链现代化实现从"中国制造"到"中国创造"的跃升。其次，绿色低碳发展是高质量发展的重要要求，要求推进资源节约、环境友好和可持续发展，落实碳达峰、碳中和目标，实现经济增长与生态环境保护的深度融合。协调城乡和区域发展则是缩小发展不平衡差距的必然选择，需要推动城乡一体化建设和优化区域经济布局，助力乡村振兴与共同富裕。高水平开放则是我国继续参与经济全球化的关键，必须通过高水平制度型开放提升国际竞争力。而以人民为中心的共享发展是最终落脚点，强调发展成果更多更公平地惠及全体人民，完善社会保障，增进民生福祉。我国高质量发展的目标体系围绕创新、协调、绿色、开放、共享五大发展理念展开，为推进现代化国家建设提供了全方位支撑。

推动高质量发展的关键在于优化经济体系和产业结构，首要任务是通过供给侧结构性改革提升供给体系质量，加快传统产业转型升级，培育战略性新兴产业和未来产业，从而推动经济发展从要素驱动向创新驱动转变。构建现代化经济体系是实现高质量发展的基础，通过优化生产要素配置效率、提高产业链供应链韧性、推动数字经济和实体经济深度融合，为经济高效运行提供动力。经济社会的绿色转型是高质量发展的重要任务，需要深化环境治理，加大污染防治力度，推进资源利用效率提升，探索绿色低碳发展模式。增强内生动力和抗风险能力也是高质量发展的重中之重，这要求通过深化科技体制改革、优化营商环境，强化金融支持实体经济的能力，提高经济治理水平，应对全球不确定性挑战。通过这些任务的落实，我国将逐步形成具有内生增长动力、韧性强、抗风险能力高的现代化经济体系，为实现经济社会的长期可持续发展奠定坚实基础。

（二）上海以"五个中心"建设服务高质量发展的目标、内涵与理论关系

上海是改革开放的前沿阵地和经济中心城市，在我国高质量发展目标中占据重要战略地位，既是经济高质量发展的引领者，也是科技创新的策源地、绿色低碳的先锋、城市治理的样板和全球竞争力提升的重要枢纽。上海要"加快建设具有世界影响力的社会主义现代化国际大都市"，这既是落实习近平总书记关于上海高质量发展重要指示精神的必然要求，也是上海在新时代推动城市发展跃升的历史性选择。

作为全球资源配置的枢纽和国际经济中心，上海不仅要通过产业升级与经济总量的持续增长巩固硬实力，更重要的是提升定价权、话语权和资源配置能力等软实力。上海要通过打造"上海指数""上海价格""上海标准""上海方案""上海创新"和"上海品牌"等标志性成果，增强城市在全球市场中的影响力，推动形成强大的国际竞争软实力。这意味着上海不仅是国内经济发展的龙头，更需在全球经济治理中发挥更大的引领作用。上海是国家科技创新的核心策源地和长三角一体化发展的领军城市，长期以来持续推进科创中心建设，着力提升全要素生产率，聚焦人工智能、生物医药、集成电路等战略性领域，实现技术突破和产业集群化发展；同时，也持续促进制造业转型升级与科创中心深度对接，推动服务业与制造业的融合发展，构建具有全球竞争力的现代产业体系。通过发展人力资本密集型、知识密集型和创新型服务业，进一步提升服务经济的高级化水平，为全国和区域经济发展提供创新动力和示范经验。作为"双碳"目标的重要实践地，上海在新能源、绿色建筑、智能交通等领域先行先试，为全国探索绿色发展模式提供可推广的样本。通过优化产业创新环境，降低企业生产经营成本和负担，提高投资预期收益，稳定市场信心和投资预期，为经济高质量发展注入新活力。强化"四大功能"与深化"五个中心"能级建设的有机结合，是上海提升全球竞争力的重要路径。

上海"五个中心"建设通过多维理论协同机制，系统诠释国家高质量发展目标的实现路径，其理论内涵在新结构经济学、创新生态系统理论及可持续发展理论的复合框架下得以完整呈现。基于新结构经济学的动态适配理论，上海"五个中心"通过重构要素供给结构与配置效率，成为国家高质量发展目标的实现载体。科技创新中心聚焦知识要素的原创供给，突破传统人力资本与物质资本的边际收益递减约束；金融中心通过风险定价机制优化资本要素的时空配置，破解新兴产业融资与收益周期错配难题；航运中心与贸易中心协同降低制度性交易成本，重构土地、数据等要素的跨境流动效率。这种要素升级的本质是打破低端要素锁定陷阱，通过"五个中心"的功能协同，将静态比较优势转化为动态竞争优势。例如，经济中心通过长三角要素市场一体化改革，推动劳动力要素从"人口红利"向"人才红利"跃迁；科创中心的基础研究投入催化技术要素从"引进消化"转向"原创策源"；金融中心的资产证券化工具激活数据要素从"资源形态"升级为"资本形态"。这种要素禀赋的结构性跃迁，为国家高质量发展提供了"要素升级—全要素生产率提升—发展模式转型"的理论实现路径。

从创新生态系统理论出发，"五个中心"构成核心种群、关键种、支持环境三位一体的创新群落，其协同演化机制直接决定高质量发展目标的达成度。科创中心作为"核心种群"，通过基础研究突破与颠覆性技术创新，催生高质量发展所需的"创造性破坏"动能；金融中心与贸易中心作为"关键种"，分别通过资本催化与市场筛选机制，构建创新价值实现的"达尔文选择"环境；航运中心与经济中心则提供"支持性生态"，前者通过全球物流网络降低创新扩散的空间摩擦，后者依托超大规模市场完成技术经济范式的规模化验证。这种生态系统协同的核心在于双重驱动：一是技术与资本的正反馈循环，科创板注册制改革使硬科技企业估值逻辑从"市盈率导向"转向"专利壁垒导向"；二是市场与制度的适应性进化，自贸试验区跨境数据流动规则创新反向刺激区块链、隐私计算等技术迭代。理论层面，这种协同机制揭示了高质量发展中"创新密度—网络连接度—环境宽容度"的三重关系，为突破"中等技术陷阱"提供新的解释框架。

依据可持续发展理论，"五个中心"通过技术范式变革与制度创新协同，构建高质量发展所需的绿色跃迁通道。航运中心主导的"绿色港口"标准体系与科创中心的碳捕集技术突破形成硬核支撑，将传统环境库兹涅茨曲线的先污染后治理路径扭转为技术创新驱动曲线陡峭化。金融中心的 ESG 投资规则与贸易中心的碳关税应对机制形成制度协同，通过绿色溢价机制将生态成本内部化为企业竞争力要素。经济中心的长三角生态绿色一体化实践，则通过跨域生态补偿、污染权交易等制度创新，验证经济增长与生态损耗脱钩的理论可行性。这种绿色跃迁的深层逻辑在于"三重脱嵌"：技术脱嵌（清洁技术突破摆脱化石能源依赖）、制度脱嵌（环境规制工具创新突破市场失灵困境）、空间脱嵌（绿色供应链重构打破地理环境约束）。理论层面，"五个中心"的协同效应揭示了高质量发展中技术创新弹性、制度创新韧性、空间重组柔性的复合作用方程，为全球可持续发展提供新的理论注解。

（三）上海"五个中心"建设推动高质量发展目标的新实践

上海"五个中心"建设的目标，就是要在继续做大经济总量的同时，着力构建现代化产业体系，因地制宜发展新质生产力，特别是要以科技创新为引领，加强科技创新和产业创新的深度融合，努力打造一批世界级高端产业集群。同时，建设重大科技基础设施，强化企业科技创新主体地位，做好金融服务实体经济的"五篇大文章"，并在跨境服务贸易负面清单和新版外资准入负面清单等方面形成新突破。[1]

作为中国经济的"龙头"和改革开放的前沿，上海肩负着以"五个中心"建设推动高质量发展的历史使命。从优化资源配置、推动绿

---

[1] 王永前、桑彤：《上海：建设"五个中心"跃升城市能级》，《瞭望》2024 年 4 月 23 日。

色转型、深化开放创新和提升治理能力四个方面，系统推动高质量发展。这些实践举措不仅体现了上海的政策创新能力，更通过具体行动落实了国家战略要求，服务于经济转型升级和全球城市功能提升。

1. **通过优化资源配置，推动经济体系升级**

（1）提升全球资源配置能力

上海通过发展总部经济提升全球资源配置能力。上海市统计局数据显示，截至2024年底，上海已吸引1016家跨国公司地区总部和591家研发中心落户，形成了连接国际市场与本地经济的重要纽带。[1]这一模式不仅带来了先进技术和高端管理经验，也进一步优化了国内产业链布局。上海"十四五"规划纲要明确提出，依托自贸试验区和虹桥国际开放枢纽的制度优势，强化上海作为"全球资源配置中心"的核心功能。虹桥国际开放枢纽通过进口商品集散中心、国际展览贸易促进平台等重大平台的落地，成为连接长三角和全球的重要节点。

（2）产业结构优化与智能化转型

在产业智能化转型方面，张江科学城作为科技创新策源地，引领了生命健康、人工智能、集成电路等高端产业的发展。通过工业互联网平台建设和大数据资源整合，加速了传统制造业的智能化升级，并在智能制造、新材料等领域形成了技术领先的产业集群。张江科学城通过科技成果转化平台和专项资金支持，推动了实验室技术向市场应用的高效转化，成为科技与实体经济深度融合的典范。

2. **以绿色转型探索可持续发展路径**

（1）绿色航运与物流发展

上海港在绿色转型中发挥了重要作用，通过岸电设施的普及以及

---

[1]《经济运行稳中有进，城市能级不断跃升——2024年上海市国民经济运行情况解读》，上海市统计局官方网站，2025年1月22日。

港机设备油改电、油改气改造，显著降低了碳排放。"航运通"综合服务平台的上线整合了航运政策咨询、注册服务等功能，为国际航运企业提供了高效支持。《长三角区域一体化发展规划纲要》明确提出，上海在绿色物流体系建设中承担示范责任，通过海铁联运等多式联运体系优化物流效率，显著提升了区域物流协同能力。

（2）绿色金融与碳市场发展

上海积极推动绿色金融创新，建立了碳排放权交易市场，并通过绿色债券的发行支持清洁能源项目和环保技术的融资需求。上海环境能源交易所发布的《2024年全国碳排放权交易市场运行情况一览》数据显示，2024年碳排放权交易市场累计交易量达1.89亿吨，年成交额达181.14亿元，成为全球绿色金融领域的重要实践。

3. 深化开放创新，增强国际竞争力

（1）提升国际贸易效率与模式创新

上海在国际贸易中心建设中，通过数字贸易港的建设，利用区块链、大数据等技术推出了全流程数字化贸易服务平台，打破了传统国际贸易中通关时间长、手续复杂等瓶颈问题。自由贸易试验区制度创新推动了离岸贸易试点，允许企业在本地完成资金结算和合同签订，货物无须实际入境，成为国际贸易模式的新突破。国家明确支持上海开展创新试点，为全球贸易效率提升提供了实践案例。

（2）打造全球资产管理中心

上海的国际金融中心建设通过推动全球资产管理中心建设进一步深化金融开放。《关于加快推进上海全球资产管理中心建设的若干意见》提出，要打造国际金融资产交易平台，服务跨境资本流动和资源配置优化。同时，上海推出基于区块链技术的跨境贸易融资平台，解决中小企业融资难问题，有效提升了资金周转效率。

（3）发展绿色金融与数字金融

上海积极推动绿色金融，通过碳金融产品创新和绿色项目认证，提升了绿色技术和环保项目的融资效率。在数字金融领域，通过区块链和金融科技的应用，提升了跨境贸易和资金流通效率。例如，跨境贸易融资区块链平台成为中小企业资金周转的关键工具，充分支持了实体经济的转型升级。

4. 提升治理能力，探索城市现代化治理模式

（1）知识产权保护与创新生态优化

上海通过设立知识产权法院和专利快速审理机制，为科技创新企业提供了高效法律支持。《关于强化知识产权保护的意见》明确指出，条件成熟的地区在知识产权保护领域承担先行示范任务，这不仅增强了企业研发投入信心，也进一步吸引了全球创新资源向上海集聚。

（2）优化公共服务与营商环境

上海以"一网通办"平台为抓手，实现了公共服务智慧化和高效化。《上海市关于进一步加快推进智慧城市建设的若干意见》明确要求，通过数字化手段提升城市治理水平。此外，上海通过优化营商环境条例的实施，简化企业准入流程，大幅度提升了市场主体的运行效率。根据北京大学发布的历年《中国省份营商环境评价报告》，上海在全国营商环境评估中始终名列前茅，吸引了大量跨国企业的投资落地。

（3）推动长三角一体化区域协同

上海通过长三角区域一体化的协同机制，推动多式联运体系建设，优化物流链条和资源流动效率。特别是上海港的海铁联运服务，实现了"一箱到底"，不仅缩短了运输时间，还优化了物流成本，为区域经济一体化提供了重要支撑。

三、以"五个中心"建设服务国家首创性改革

上海以"五个中心"建设为依托，聚焦制度创新与政策试验，为国家首创性改革提供实践样本。围绕自贸试验区、科创板等平台，上海在金融、贸易、科技等领域突破传统制度限制：金融中心通过科创板注册制支持未盈利科技企业融资，贸易中心依托进博会简化通关流程推动"展品变商品"，科技创新中心深化科研经费"包干制"改革，赋予科研人员更大自主权。理论层面，通过制度供需动态平衡机制，破解改革边际效益递减问题；以复杂适应系统理论为指导，推动多主体协同演化。实践中，张江科学城构建生物医药全产业链，浦东新区探索区域治理规则重构，长三角一体化优化物流协同。上海通过风险可控的试点经验（如绿色金融、数字贸易规则），形成可复制的制度经验，服务国家首创性改革，为全国深化制度创新提供实践支撑。

（一）国家首创性改革的目标与内涵

国家首创性改革是指在经济社会发展的关键领域，通过创新性制度设计和实践，形成可复制、可推广的改革经验，为全国性改革提供样板和示范。首创性改革需要突破传统路径依赖，探索新领域和新方法，具有前瞻性、创新性和全国性意义。

紧扣国家战略需求是首创性改革的基本要求。改革必须服务于国家重大任务和发展战略，在全面深化改革的框架下，以关键领域和薄弱环节为突破口，解决体制机制中的突出问题。例如，国家在"双碳"目标背景下，推动绿色金融改革试点，正是为了服务全球气候治理和国内经济结构转型的双重目标。制度创新是首创性改革的核心。改革不仅是对既有政策的优化，更需要探索全新的制度安排与治

理方式，重点是敢于突破旧有框架，构建具有独特性、适应性的制度体系。例如，自由贸易试验区在跨境投资、贸易便利化等方面率先试验，为全国开放型经济发展积累了宝贵经验。风险可控与稳步推进是首创性改革的底线要求。在探索新领域时，改革可能面临较大的不确定性。因此，首创性改革需要通过试点、评估和调整等，将可能的风险控制在合理范围内，确保改革试验稳步推进。例如，金融开放试点在上海、深圳等区域逐步开展，为全国推广积累了可操作的经验。形成可复制、可推广的经验是首创性改革的实践目标。首创性改革需要考虑全国层面的适用性，通过对试点地区经验的总结和制度化，推动改革成果在更大范围内落地。地方探索与国家协同推进相结合是首创性改革的机制保障，改革既需要地方根据自身特点大胆尝试，又必须在中央统一规划与指导下协调推进，确保改革方向符合国家整体发展目标。

（二）上海"五个中心"建设服务首创性改革的内涵与理论关系

上海在国家首创性改革中承担的战略定位和使命是多维的，其定位不仅服务于本地发展，更为国家层面的改革进行先行探索和经验积累，助力推动全面深化改革和高质量发展。长期以来，上海都是全国改革开放的排头兵和试验田，作为最早开放的沿海城市之一，在改革开放初期就发挥了引领作用，特别是在市场化经济体制的探索上积累了丰富经验。近年来，上海被赋予更多国家首创性改革任务，如建设中国（上海）自由贸易试验区，旨在为全国探索更高水平的贸易投资自由化便利化制度。尤其是自由贸易试验区临港新片区，通过制度创新和政策突破，为我国全方位开放积累了先行经验。在《长江三角洲区域一体化发展规划纲要》和《浦东新区综合改革试点实施方案（2023—2027年）》中，上海被明确要求发挥"龙头"作用。作为长三角区域的核心城市，上海通过制度创新引领区域一体化发展，助力实现区域协调发展。此外，浦东被定位为"社会主义现代化建设的窗口"，承担着探索更高层次改革开放和制度创新的重任，成为国家首创性改革的先行示范区。根据《上海国际金融中心建设"十四五"规划》，上海被定位为全球金融资源配置中心，通过推动科创板和人民币国际化等首创性改革，为全国探索金融开放和资本市场改革路径。

上海"五个中心"建设与首创性改革的互动，本质上是制度创新动力机制的理论重构，通过动态平衡、自组织演化与路径创造三重逻辑，系统诠释我国深化改革的底层理论范式。从制度创新理论的供需范式出发，上海"五个中心"建设与首创性改革构成制度供给升级与制度需求演化的高阶平衡系统，制度供给端通过自贸试验区、科创板等政策试验场，持续释放突破性制度供给，破解传统制度僵化引致的改革边际效益递减困局；制度需求端则依托"五个中心"的全球资源配置功能，催生数字经济、绿色金融等新兴领域的制度需求升级。这种动态平衡的核心在于制度创造性毁灭，航运中心的国际船舶登记制度替代传统审批制，贸易中心的数字口岸规则颠覆纸质单证流程，均体现新制度对旧制度的迭代更替。更深层的理论逻辑在于"制度供需弹性"的匹配：当金融中心的离岸金融创新需求与自贸试验区跨境资金池供给形成弹性共振时，制度变迁的交易成本显著降低，推动改革从"政策红利驱动"转向"制度效能驱动"。这种供需动态平衡的终极目标是构建"制度创新—功能升级—再创新激励"的正反馈循环，使"五个中心"既是制度创新的产物，又成为新一轮改革的策源地。

基于复杂适应系统理论，"五个中心"与首创性改革的关系体现为多主体协同演化的自组织过程。各中心作为具有适应能力的"智能体",通过规则交互与行为调适,自发涌现出超越顶层设计的制度创新。科技创新中心的技术突变引发金融中心的资本重组,倒逼风险投资规则从抵押担保导向转向知识产权估值导向;航运中心的智能物流革命与贸易中心的数字清关需求耦合,自发形成区块链提单的国际规则雏形。这种自组织演化的动力源于边缘创新效应:在制度体系的非核心区,"五个中心"通过压力测试积累的边际经验,经网络化扩散形成主流制度变迁。理论层面,这种机制揭示了改革深化的法则:多样性、非线性、流变性、标识性。当"五个中心"的自组织能力突破临界阈值时,将触发制度体系的相变跃迁,使中国从改革跟跑者转向规则定义者。

路径创造理论框架下,"五个中心"建设本质上是突破制度路径依赖和培育制度企业家精神的战略实践。传统改革受限于既有制度的沉没成本与既得利益约束,而"五个中心"通过"制度想象—试验—制度化"的创造,开辟全新的制度演化路径。经济中心的长三角一体化探索打破行政区划桎梏,重构区域治理的产权界定规则;金融中心的金融科技监管沙盒颠覆"先立法后实践"的传统逻辑,建立"创新容错—规则迭代"的动态治理范式。这种路径创造的核心动能是"制度企业家精神"的群体觉醒,即政策制定者从"制度执行者"转型为"制度设计师",市场主体从"规则接受者"升级为"规则共建者"。更深层的理论突破在于制度知识生产机制的重构:"五个中心"形成的改革知识库(如自贸试验区负面清单制定方法论)通过"干中学"转化为可迁移的制度创新能力,使首创性改革从特殊经验升华为普遍范式,不仅实现制度本身的代际跃升,更重构国家治理现代化的底层逻辑,为后发经济体突破制度移植困境提供理论范本。

（三）上海"五个中心"建设服务首创性改革的新实践

1. 立足国家战略定位，构建改革探索的顶层设计

上海"五个中心"建设明确自身作为服务国家首创性改革的重要试验地角色，通过重点领域的改革探索，为国家发展战略提供支撑。《中共中央 国务院关于支持浦东新区高水平改革开放 打造社会主义现代化建设引领区的意见》指出，浦东应成为"社会主义现代化建设引领区"，在推动关键领域突破、提升城市功能等方面展开全面改革。例如，在生物医药领域，上海张江科学城通过整合创新资源，构建从新药研发到产业化的全产业链布局，推动了国家战略性新兴产业发展。这一布局依托《上海市张江科学城专项发展资金支持知识产权发展的实施细则》，吸引了一批生物医药领域的龙头企业，显著提升了我国在生物医药创新领域的竞争力。同时，在智能交通领域，上海也通过试点项目和平台建设推动技术创新和产业集群化发展。通过明确国家战略需求并率先实践，上海为全国深化改革提供了方向指引和实践样本。

2. 以政策突破探索全国改革样本

制度创新是上海服务国家首创性改革的重要动力，也是"五个中心"建设的核心内容之一，通过金融和贸易领域的制度突破，为全国深化改革积累了丰富的经验。在金融领域，《上海国际金融中心建设"十四五"规划》明确提出，上海应成为资本市场制度创新的试验田。科创板注册制改革是这一探索的代表性成果，通过取消传统资本市场对企业盈利的严格要求，允许未盈利但具有发展潜力的科技企业上市融资，从而提高了资本市场对创新型企业的包容度。在贸易领域，上海通过进博会率先试点"展品变商品"机制，简化通关手续，帮助展品快速进入国内市场。《中国（上海）自由贸易试验区临港新片区总体

方案》进一步提出探索跨境贸易便利化的新规则。这些制度创新不仅体现了上海作为改革开放前沿的定位，也为全国其他地区提供了具有广泛适用性的政策样本。

3. 深化开放合作与全球资源配置

上海通过"五个中心"建设，深化开放合作，提升了其在全球资源整合中的能力，为国家改革开放提供了国际化支持。《长江三角洲区域一体化发展规划纲要》明确提出，上海作为长三角的核心城市，应发挥其全球资源配置中心的作用。以张江科学城为例，上海吸引了包括罗氏制药在内的国际顶尖企业，通过构建全球研发协作平台，加速了中国本土生物医药领域的创新进程。罗氏上海创新中心不仅推动了国际先进技术的本地转化，还通过加速器项目进一步促进了国内医疗创新生态的形成。进博会通过搭建高效合作平台，帮助国内外企业实现精准对接。例如，2023 年进博会上，瑞士 ABB 集团展示了先进的工业机器人技术，与国内制造企业签订了多项合作协议，推动了国内制造业升级。这些开放与合作的实践，使上海成为服务国家对外开放的重要窗口，为全国深化国际资源整合提供了模式借鉴。

4. 科技体制改革引领

科技创新是上海"五个中心"建设的核心驱动因素，也是服务国家首创性改革的重要抓手。《上海市建设具有全球影响力的科技创新中心"十四五"规划》指出要通过深化科技体制改革，激发创新活力。例如，"包干制"科研经费改革试点显著提高了科研效率，赋予了科研人员更多自主权，为全国科研体制改革提供了制度创新样本。在知识产权保护方面，《上海市张江科学城专项发展资金支持知识产权发展的实施细则》通过专项资金奖励，推动企业加强专利研发，构建了鼓励技术创新的环境。此外，上海根据《上海高质量推进全球金融科技中心建设行动方案》，整合资本市场资源，形成覆盖科技企业全生命周期的科技金融服务体系，助力科技成果的市场转化。通过科技与资本的深度结合，上海为国家创新驱动发展战略提供了坚实的支撑，同时也为全国科技驱动型经济发展积累了实践经验。

四、以"五个中心"建设践行国家引领性开放

上海以"五个中心"建设为抓手，服务国家引领性开放，通过规则对接、资源配置与创新协同，探索高水平开放实践。制度型开放层面，自贸试验区临港新片区对标 CPTPP、DEPA 等国际规则，试点跨境服务贸易负面清单与跨境数据流动机制，推动数字贸易规则创新；金融中心深化开放，通过"沪港通"等机制便利国际资本流动，推进人民币国际化与绿色金融实践，全国碳市场落地上海形成示范。资源配置方面，上海建设全球资产管理中心，吸引特斯拉超级工厂等跨国项目，洋山深水港智能化升级提升全球供应链效率，国际数据港试点优化数据要素跨境配置。贸易领域，跨境电商"退货中心仓"等制度创新推动结构升级，数字贸易规则对接国际标准。科技创新上，张江科学城通过国际联合实验室构建全球创新网络，试点知识产权快速维权机制，促进技术跨境转化。理论层面，上海以战略耦合机制衔接国内改革与国际规则，通过自贸试验区规则改革双向赋能，既对接高标准经贸协定，又输出数字贸易等新方案。实践层面，上海通过多领域制度创新与资源整合，为国家深化开放提供可复制经验。

（一）国家引领性开放的目标与内涵

国家引领性开放是我国在新发展阶段深化改革、推动经济高质量发展的战略性选择，其核心在于通过制度型开放的顶层设计，实现从

传统要素流动型开放向规则、标准、制度深度对接的范式转型。这一理念的提出，既是对改革开放 40 余年实践经验的总结升华，也是应对全球治理体系变革、构建新发展格局的必然要求。

在理论逻辑上，引领性开放突破了以降低关税、扩大市场准入为主的边境开放局限，转向聚焦国内规制、竞争政策、知识产权保护等境内开放领域，通过制度创新形成与国际高标准经贸规则相衔接的开放型经济新体制。其内涵包含三个方面：在开放导向上，从被动适应国际规则转向主动参与全球经济治理体系改革，在数字贸易、绿色经济、争端解决等前沿领域提出新方案；在开放层次上，推动自贸试验区、海南自贸港等平台开展压力测试，构建服务业开放、数据跨境流动、公平竞争等领域的制度创新体系；在开放效应上，以制度型开放倒逼国内深层次改革，通过规则对接培育新能源汽车、数字经济等领域的制度竞争优势，同时依托"一带一路"合作机制推动国际经贸规则向包容普惠方向演进。这种开放新范式通过国内改革与国际规则的双向互动机制，既为破解国内大循环堵点提供外部动力，又为全球经济治理贡献公共产品，本质上是将中国特色社会主义制度优势转化为全球治理效能的过程，体现了中国作为负责任大国推动构建人类命运共同体的实践探索。

（二）上海服务引领性开放的目标、内涵与理论关系

上海是国家引领性开放的探索者，更是制度创新的先锋、国际合作的桥梁和高水平开放的示范者。制度创新方面，自 2013 年我国首个自由贸易试验区落地上海以来，上海不断推进制度型开放，从投资贸易便利化到金融开放，从知识产权保护到规则标准制定，上海为全国提供了可复制可推广的重要经验，成为深化改革的试验田。尤其是临港新片区，通过对标国际最高标准，探索自由贸易和开放合作的新机制，进一步强化了上海作为国家开放前沿的定位。上海是中国参与全球经济治理的重要枢纽，尤其作为国际金融中心和贸易中心，在全球资本流动、国际资源配置中扮演关键角色。

在新兴领域，上海也不断强化其影响力，例如推动数字经济和绿色经济的规则制定，为全球治理贡献中国智慧。依托张江科学城等重大创新载体，上海在人工智能、集成电路、生物医药等领域已经成为全球创新网络的重要节点，国家要求上海率先打造具有国际竞争力的创新体系，为我国在高技术领域的国际竞争奠定坚实基础。而且，作为引领性开放的重要平台，上海正在强化其开放型经济的全球辐射力。通过建设高标准的贸易规则体系和推进规则、标准与国际接轨，不仅引导国内其他地区探索制度型开放的新路径，还通过高水平开放项目将全球最优资源引入国内。通过这些创新实践，上海正在形成"引进来"与"走出去"联动的开放新格局，为我国更深度参与国际经济循环提供重要支撑。

上海"五个中心"建设通过战略耦合、制度竞争与治理层级重构的理论逻辑，系统构建国家引领性开放的实践范式，其理论内核在全球生产网络、制度竞争优势与多层级治理框架下形成体系。"五个中心"建设是国家开放战略嵌入全球生产网络的动态调适过程，这种耦合通过"功能界面—规则转换—价值捕获"的链式机制实现：科技创新中心作为技术标准界面，将国家自主创新成果转化为国际规则话语权；金融中心通过资本定价界面，重构全球价值链的收益分配规则；航运中心则以物流网络为界面，将地理优势转化为供应链治理权。其耦合的本质是双向赋能，全球生产网络的技术扩散为"五个中心"提供升级动能，而"五个中心"的制度创新反向重构全球网络的运行逻辑。例如，自贸试验区的"边境后规则"改革既适应 CPTPP 高标准要求，又通过数字贸易规则输出形成"制度倒逼效应"。理论层面，这种战略耦合突破了传统"中心—外围"依附关系，构建"节点—网络"共生的新型开放生态，为国家在逆全球化浪潮中实现嵌入式突围提供理论支撑。

基于制度竞争理论的规则制高点范式，"五个中心"通过差异化制度供给构建国家开放的非对称优势。这种竞争以规则包形式展开：科创中心的技术规则包与金融中心的资本规则包形成复合竞争力，航运中心的物流规则包则与贸易中心的数字规则包协同渗透。其理论创新在于制度捆绑效应，即当技术标准、资本流动与物流规则形成互锁时，制度替代成本呈指数级上升，从而巩固国家开放的规则护城河。更深层的竞争逻辑体现为制度弹性优势：自贸试验区通过压力测试机制构建制度冗余空间，既能对接国际高标准经贸规则，又保留应对技术封锁、金融制裁的制度回旋余地，这种非对称竞争策略从理论上解构了制度趋同论，证明后发国家可通过制度创新实现开放能级的跃迁式突破。

多层级治理理论框架下，"五个中心"建设是国家引领性开放从政策驱动转向制度驱动的空间实践，这种转型通过三个治理层级的重构实现：超国家层级，依托进博会、国际航运中心等平台，将国内规则升维为全球公共产品；国家层级，通过自贸试验区立法权改革，构建先行先试与法律固化的制度供给闭环；地方层级，以长三角一体化示范区为载体，破解行政区划对要素流动的制度性阻滞。理论突破在于"治理嵌套效应"——"五个中心"既作为国家主权的空间延伸参与全球治理博弈，又作为地方创新的试验场孵化制度工具。例如，浦东新区立法权的突破性授权，既保障了生物医药跨境研发的地方实践，又为 CPTPP 监管一致性条款提供中国解决方案。这种多层级治理机制从理论上弥合了主权让渡与制度自主的张力，为制度型开放提供兼具原则性与灵活性的实施路径。

（三）上海"五个中心"服务引领性开放的新实践

1. 对标国际规则，探索高标准经济体制

制度型开放是引领性开放的核心方向。上海通过自由贸易试验区和临港新片区的建设，率先对标国际高标准规则体系，探索规则、规制、管理和标准的全面对接。《上海市落实〈全面对接国际高标准经贸规则推进中国（上海）自由贸易试验区高水平制度型开放总体方案〉的实施方案》明确要求，以 CPTPP 和 DEPA 为参照，在跨境服务贸易、投资自由化、跨境数据流动、知识产权保护等关键领域开展试点。例如，临港新片区率先推出跨境服务贸易负面清单，这是我国在国际投资规则上的重大突破，为外资准入提供了更加透明和开放的环境。同时，还推动了数字经济规则的探索，自贸试验区内启动"国际数据港"建设，建立跨境数据安全流动机制，为全球数据合规流动提供操作性案例。这些制度创新为中国深化开放提供了样板，也为国家在国际经济治理中的制度性参与打下了坚实基础。优化营商环境也是重点之一，通过提升透明度和简化操作流程，为国际企业落地提供便利。例如，在自贸试验区，外资企业注册流程大幅缩短，跨境资金流动限制也得到了显著优化。上述系列创新实践推动上海从传统意义上的市场开放迈向更高层次的规则型开放。

2. 提升资源配置能力，服务全球经济联动

作为国家的经济中心，上海通过全球资源整合，提升了对国际经济的辐射力。根据《关于加快推进上海全球资产管理中心建设的若干意见》，上海以建设全球资产管理中心为核心，吸引国际资本、跨国企业总部和高端技术资源落户。通过搭建国际化要素交易平台，上海不

仅为跨国企业提供了高效的资源配置网络，也在全球产业链重构中增强了自身的枢纽作用。上海在数字经济资源配置方面也发挥了引领作用，如自贸试验区启动的"国际数据港"项目，聚焦跨境数据流动和数据要素交易规则的试点，为全球数据资源配置提供了高效平台。在服务全球供应链重塑方面，洋山深水港智能化码头实现了全球领先的自动化装卸操作，显著提高了物流效率，吸引更多国际企业将上海作为区域中转和分拨中心。资源整合的成果也反映在跨国企业的集聚效应上，近年来上海不断吸引高端制造业、全球研发中心和创新平台落地，例如特斯拉上海超级工厂的成功运行，便是全球资源整合的范例。

3. 从优化规则到推动结构升级

在国际贸易领域，上海通过制度创新和服务升级，推动了贸易自由化和便利化的全面深化。《上海市促进外贸稳规模提质量的若干政策措施》明确提出，通过优化"单一窗口"制度和货物状态分类监管，实现跨境贸易全流程优化，大幅降低企业的时间和成本，显著提升贸易效率。跨境电商成为上海贸易创新的重点方向。根据《上海市推进跨境电商高质量发展行动方案（2023—2025年）》，上海着力构建全球跨境电商服务网络，推出"跨境电商零售进口退货中心仓"政策，简化退货流程，提升消费者体验。这种创新不仅增强了国际市场对中国的信心，也为跨境电商行业的高质量发展提供了实践经验。此外，上海率先探索数字贸易规则，推动数据跨境流动的试点。通过与国际规则的对接，上海在数字贸易领域建立了领先地位，为全球数字经济发展贡献了独特路径。这些贸易制度创新和服务升级的举措，推动了我国从开放型贸易大国向贸易强国逐步转型。

4. 金融开放与人民币国际化协同发展

金融开放是上海践行引领性开放的重要领域。近年来，上海通过多项机制推动金融市场对外开放，例如"沪港通""沪伦通""北向交易所债券通"等，为国际投资者进入中国资本市场提供了便捷渠道。《进一步推进中国（上海）自由贸易试验区金融开放创新试点　加快上海国际金融中心建设方案》提出，上海要加快外资准入限制放宽和跨境资金流动优化，为全球资本进入中国提供更加开放的环境。人民币国际化是上海金融开放的核心任务之一，通过上海黄金交易所推出人民币计价的黄金定盘价制度，以及设立国际金融资产交易平台，人民币在全球支付结算和资产定价中的地位进一步提升。全国碳排放权交易市场落地上海，"碳中和"主题债券的发行吸引了国际资本的广泛关注。这些绿色金融的创新实践，既推动了我国可持续金融的发展，也提升了上海在全球金融治理中的话语权。金融科技也是金融开放的重要突破点，上海数据交易所率先试点数据跨境流动规则，为国际金融科技合作提供了创新动力。通过这些开放和创新举措，上海不仅强化了自身在全球金融资源配置中的枢纽作用，也为中国在全球金融体系中的制度性参与提供了重要支持。

5. 推动协同创新，打造全球创新网络

科技创新是上海践行引领性开放的核心引擎之一。在张江科学城的带动下，上海通过与全球顶尖科研机构的合作，在人工智能、生物医药、量子计算等前沿技术领域实现突破，如国际联合实验室的建设推动了技术研发的全球协同，进一步巩固了上海在全球科技创新网络中的地位。根据《上海市促进科技成果转移转化行动方案（2024—2027年）》，上海建立了国际技术转移平台，为海外技术的商业化提供全生命周期支持，这一平台吸引了大量国际领先技术进入中国市场，实现了技术与市场的深度融合。上海还试点国际知识产权快速维权机制，为全球企业提供高效透明的知识产权保护服务，这种服务不仅保障了国际企业的利益，也吸引了更多全球创新资源落户上海。科技创新不仅推动了本地经济的高质量发展，也为我国从科技大国迈向科技强国提供了重要支撑，而科技创新的开放性与协同性，彰显了上海在全球创新链条中的引领作用，为引领性开放注入了更强劲的动力。

五、以"五个中心"建设服务国际大都市建设和区域一体化发展

上海以"五个中心"建设为核心，统筹推进国际大都市建设与区域协同发展，形成从区域辐射到全球功能的双向赋能机制。在国际大都市建设中，通过强化全球资源配置能力、科技创新引领及航运枢纽升级来提升城市能级；同时，依托自贸试验区制度创新与绿色金融实践探索可持续发展路径。区域一体化方面，上海作为长三角核心引擎，通过功能辐射推动上海研发与周边制造的产业链协同，构建G60科创走廊等创新网络；以通关一体化、物流网络优化促进要素流动，深化市场规则对接；通过绿色港口技术推广与生态补偿机制，带动长三角环境协同治理。理论层面，上海以"制度嵌套"破解行政壁垒，通过技术、产业、空间的联动重构区域经济地理，为超大城市与区域协同发展提供实践样本，助力构建优势互补、高质量发展的区域经济布局。

（一）以"五个中心"建设服务上海国际大都市建设的目标与内涵

1. 国际大都市的目标与内涵

国际大都市建设是全球化时代提升国家竞争力的重要战略，其核心在于提高全球资源配置能力、增强创新能力、优化城市治理，并通过文化软实力建设提升全球影响力。

国际大都市需要具备全球资源配置能力，建立国际化的平台，引导全球资金、技术、人才、信息等资源的流动与集聚，服务于区域和全球经济发展。科技创新的引领能力是必备条件。作为全球竞争力的关键，国际大都市需要汇聚世界级的创新资源，搭建高水平的产学研合作平台，以推动自主创新能力的提升。通过构建科技创新生态系统，国际大都市要引领全球科技发展的中心，掌握话语权和核心技术。经济综合实力和产业结构优化是国际大都市建设的重要基础。城市需要以现代服务业、高端制造业为主导，形成强大的经济基础，同时优化产业布局，提高经济效率，增强其对区域经济的辐射带动能力。国际大都市也需要在治理能力和生态可持续发展方面达到国际一流水平，这一方面包括完善城市基础设施建设、优化公共服务供给、提升交通与能源的效率；另一方面，还需注重绿色发展与低碳转型，实现人与自然的和谐共生，为其他城市提供可持续发展的样板。国际大都市需注重文化软实力和国际影响力的提升，通过传承本土文化、推动文化创新和国际传播，城市不仅要成为全球文化交流的平台，还要增强文化吸引力，以多元、开放、包容的姿态吸引全球人才与企业。

2. 上海加快国际大都市建设的目标、内涵与理论关系

国家赋予了上海"加快建设具有世界影响力的社会主义现代化国际大都市"的重要定位和重大使命。这是以全球视野提升经济实力、科技创新能力和文化软实力，同时通过卓越的城市治理和对外开放，服务于国家发展战略，并在国际舞台上发挥重要作用。

作为中国最大的经济中心城市，上海通过强化自身在经济、金融、贸易、航运和科技创新领域的优势，逐步构建其在全球资源配置中的核心地位；通过优化产业结构、发展高端服务业和创新经济，在

全球经济网络中提升竞争力，成为资源流动和配置的重要节点。在科技创新方面，上海以张江科学城、临港新片区等为依托，聚集国际顶尖科研资源，推动技术突破和产业转型升级。上海在人工智能、生物医药和集成电路等领域迈向全球领先地位，努力建设开放协同的创新生态体系，成为全球创新网络中的重要枢纽城市。同时，上海承担着国家扩大对外开放的先锋角色。依托自贸试验区及临港新片区，上海通过制度创新优化营商环境，为国内外企业创造更加开放、便利的市场环境。这不仅使上海成为吸引国际企业和投资的重要城市，也为全球化进程中的中国提供了试验田。进博会等国际展会的举办，使上海成为国际贸易和合作的重要桥梁，推动全球资源与中国市场的深度融合。在文化领域，上海具有独特的历史积淀和开放包容的城市特质，通过举办上海国际电影节、艺术节等活动，上海在全球文化领域提升了自身的影响力。同时，上海还致力于传播中国文化，推动跨文化对话，强化其作为国际文化交流中心的地位。在城市治理和可持续发展方面，上海也体现出国际大都市的典范作用。作为超大城市，上海更为注重绿色低碳发展和城市管理现代化，通过智慧城市建设和生态环境保护，实现人与自然的和谐共生，城市治理的创新不仅为国内其他城市提供了经验，也在国际上展现了中国超大城市管理的新模式。

在全球城市化进程遭遇传统模式瓶颈的当下，上海"五个中心"建设展现出独特的理论突破价值。这一实践既非对纽约、伦敦等传统全球城市的简单模仿，亦非局限于后发国家的追赶逻辑，而是在地缘政治重构与技术革命交汇处，开创了国际大都市发展的新道路。其理论意义在于解构了"经济密度决定论"的单向思维，转而构建功能网络、空间韧性、治理智慧的复合发展范式，为全球城市理论注入中国式现代化的新注解。国际大都市的传统理论将城市视为全球化要素流动的被动载体，而上海"五个中心"的协同演进揭示了城市作为规则生产主体的能动性。科技创新中心的技术标准输出与金融中心的资本定价权形成硬规则与软权力的复合绑定，这种绑定在航运中心的物流网络中得到空间强化，最终通过贸易中心的渠道优势实现全球渗透。例如，区块链提单规则的诞生并非技术自发演进的结果，而是航运中心智能转型需求、金融中心数字金融工具供给、科创中心加密技术突破三者碰撞的制度结晶。这种能动性生产机制打破了"中心—边缘"理论的静态认知，构建起以规则创新为核心竞争力的全球城市迭代模型。

空间形态的再定义是另一理论突破点，传统全球城市理论强调中央商务区（CBD）的垂直集聚效应，而上海通过"五个中心"的分布式空间布局，构建多核驱动的弹性城市结构。张江科学城的垂直整合空间、临港新片区的离岸与在岸政策叠加空间、北外滩的航运与金融功能融合空间，共同构成非均质但高度协同的新型空间矩阵。其空间重构的理论价值在于揭示了密度经济与范围经济的动态平衡路径，陆家嘴的资本密度与洋山港的物流密度并非此消彼长，而是通过制度性通道实现能量交换，产生空间协同效应。

治理智慧的进化维度更具理论颠覆性，当传统全球城市陷入治理的规模不经济困境时，"五个中心"通过治理粒度的精细化重构破解悖论。在生物医药跨境研发监管领域，浦东新区的"触发式监管"将审批环节压缩，这种看似放松管制的制度设计，实则通过大数据风控平台实现全过程隐性监管。更深层的理论启示在于，当物理空间治理转向数字空间治理时，城市治理的规模弹性发生质变，上海经验证明全球城市的治理容量可通过数字赋能实现指数级扩展，这种发展范式的理论辐射力已然显现。传统全球城市理论强调要素吸附能力，而上海模式证明规则辐射能力才是当代国际大都市的核心竞争力。

3. 上海加快国际大都市建设的新实践

从全球资源配置能力的提升，到国际竞争力的增强，再到创新驱动发展、开放体系的优化和可持续发展目标的实现，上海"五个中心"建设通过多维度的功能整合，为国际大都市建设提供了全面支撑。

（1）提升全球资源配置能力

国际大都市的核心功能是全球资源配置能力，上海通过"五个中心"的协同建设，强化了其在国际经济网络中的枢纽地位。国际经济中心建设以吸引高端经济要素为抓手，发布《上海市鼓励跨国公司设立地区总部的规定》，吸引了诸多跨国企业选择上海作为亚太总部或研发中心所在地，构建了具有全球竞争力的产业生态。聚焦生物医药、人工智能和数字经济等领域，推动产业链高端环节的布局和创新，强化了其在全球经济体系中的核心地位。国际金融中心在全球资源配置中的作用尤为突出。通过推出科创板和沪港通等机制，结合《上海市推进国际金融中心建设条例》，上海为全球资本提供了进入中国市场的高效渠道，同时推动人民币国际化，强化跨境支付和清算功能，显著提升了其在国际资本流动中的节点地位。绿色金融创新（如绿色债券和碳交易市场）将全球资本引导至可持续发展领域，进一步彰显了上海作为全球资本配置枢纽的功能。

（2）增强国际竞争力与国际影响力

国际大都市需要在全球竞争中占据重要位置，上海通过贸易和航运功能的提升强化了国际影响力和规则话语权。作为国际贸易中心建设的重要实践，进博会不仅为全球商品和服务进入中国市场搭建了桥梁，还通过国际采购、投资合作等活动提升了上海在全球贸易网络中的节点作用。通过推动跨境电商与数字贸易发展，以区块链监管、智能通关系统等技术手段创新贸易模式，大幅提高了全球贸易效率，为国际贸易注入了新活力。航运中心建设进一步巩固了上海在国际物流网络中的地位。洋山港四期全自动化码头投入运营，使上海成为全球效率领先的智能化港口，并通过与国际航运组织合作，推动全球智能航运标准的制定。上海港与连云港港的海铁联运项目则显著提高了区域物流效率，增强了长三角地区在全球供应链中的竞争力。这些举措使上海在国际大都市建设中，既成为国际物流标准的制定者，又是全球供应链中的核心节点。

（3）推动创新驱动发展

国际大都市必须依托科技创新引领未来。上海通过国际科技创新中心建设，显著提升了其在全球创新网络中的地位。张江科学城通过设立国际合作实验室，与欧美顶尖科研机构深度合作，在人工智能、量子计算和生物医药等前沿领域实现关键技术突破。《长三角科技创新共同体建设发展规划》进一步明确了上海与周边城市在创新成果转化和区域协同创新中的核心作用，如通过技术转移和创新孵化机制，实现从基础研究到高附加值产业的快速转化。金融科技的创新也支撑了上海的创新驱动发展战略，根据《上海高质量推进全球金融科技中心建设行动方案》，上海通过发展区块链、数字金融等新兴技术，构建创新金融服务体系，不仅服务于国内外科技企业，还进一步巩固了在国际金融科技领域的领先地位。

（4）构建更加开放的全球化经济体系

国际大都市建设离不开开放型经济体系，上海通过"五个中心"

建设，打造了一个更加开放和高效的全球化经济平台。自贸试验区和临港新片区的制度创新为国际资本和跨国企业提供了更加优质的营商环境，推动了资本、人才和技术的流动。通过优化与长三角周边城市的贸易联系，深化通关一体化改革，显著降低了区域贸易成本，提升了物流效率。在国际贸易领域，通过跨境电商平台、数字技术和区块链监管创新，显著提高了国际商品和服务的流通效率，同时进一步巩固了其在全球供应链中的枢纽地位。

（5）实现可持续发展目标

国际大都市不仅是经济中心，也要成为生态和社会发展的典范。《上海市加快推进绿色低碳转型行动方案（2024—2027）》指出要推进能源、工业、交通等领域的绿色低碳转型。绿色金融是上海可持续发展战略的重要支撑，通过发行绿色债券和建立碳交易市场，上海为绿色经济发展提供了强大资本支持，同时推动长三角区域的生态协同治理。这些举措不仅巩固了上海在国际金融市场的地位，还在全球城市生态可持续发展目标中起到了引领作用。

（二）以"五个中心"建设服务区域一体化发展的目标与内涵

1. **区域一体化发展的目标与内涵**

区域一体化发展是我国协调区域经济、缩小发展差距、实现共同富裕的重要路径。在区域一体化发展进程中，需要从基础设施建设、产业协同发展、要素流动、生态环境保护和公共服务均等化等多方面着力，以实现区域内部的高效联动和整体提升。

基础设施互联互通是区域一体化的物质基础，只有实现跨区域的交通、能源和信息网络一体化，区域间的联动才能畅通无阻，这包括高速铁路、航空枢纽、跨区域能源管网以及数字基础设施的建设，确保区域之间的资源、人员和信息流动更加高效。产业协同发展是区域一体化的关键，一体化进程中应打破区域间的产业壁垒，推动优势互补和分工协作，构建高效的产业链和供应链。例如，中心城市可发展高端服务业和科技创新产业，而周边地区则可发展制造业和基础产业，从而形成区域经济的良性循环，避免同质化竞争和资源浪费。一体化市场建设是实现要素自由流动的重要保障，需要打破行政壁垒和消除政策分割，使土地、资本、劳动力、技术等要素在区域范围内自由流动，这要求建立统一的市场规则，优化资源配置，并推动更深层次的制度创新。生态环境协同保护是区域一体化可持续发展的重要前提，许多生态问题具有跨区域特性，如河流污染、空气治理等，因此需要通过区域间的合作机制，共同推动环境保护和绿色发展，确保经济发展与生态保护相协调。公共服务均等化是区域一体化的核心目标之一，通过在教育、医疗、养老、社会保障等领域的政策协同和资源共享，区域内的居民可以公平享受高质量的公共服务，从而缩小区域发展的社会差距，增强居民的获得感和幸福感。

2. 上海服务区域一体化发展的目标、内涵与理论关系

上海在区域一体化发展中的定位是长三角区域一体化的核心引擎和全国区域协同发展的示范城市，其职责在于引领、辐射、带动周边区域共同发展。在这一进程中，上海通过其经济、科技、文化和开放优势，为长三角乃至全国的区域一体化提供了强有力的支撑。

作为区域内经济总量最大、国际化程度最高的城市，上海在推动长三角经济协同发展中起到了核心作用。《长江三角洲区域一体化发展规划纲要》明确提出，上海是"一核"城市，需以其全球资源配置能力和创新能力，带动江苏、浙江、安徽实现协调发展。通过优化产业布局，推动资源在区域内高效流动，上海为长三角一体化奠定了坚

实的基础。[1] 通过强化其在金融、贸易、科技创新等领域的优势，上海成为区域内资本、技术和人才的枢纽，这不仅提升了长三角整体的要素流动效率，也推动了区域产业链的分工协作。比如，上海集聚了长三角最为高端的金融服务业，周边城市则承担了高端制造业和配套产业的角色，从而形成紧密的产业互补关系。作为国际大都市，上海在对接全球资源、融入国际市场方面具有不可替代的优势，通过进博会、自贸试验区和临港新片区等平台，将全球的资金、技术和商品引入长三角地区，同时将长三角的优势产业推向国际市场，推动区域的开放型经济向更高水平发展。从区域科创核心载体来看，依托张江科学城、G60 科创走廊等创新平台，上海加强与江苏、浙江、安徽的协同合作，推动区域科技资源的整合，以科技创新共同体建设带动区域内产业升级和技术进步，使长三角成为具有全球竞争力的科技创新高地。

　　在全球化与区域化张力并存的当代语境下，上海"五个中心"建设突破了传统区域协同的"梯度转移"逻辑，通过功能网络重构、制度嵌套与空间生产的三维互动，构建起节点赋能、网络协同、生态重构的新型区域一体化范式。这一实践既非简单的要素扩散，亦非单向的虹吸集聚，而是在制度创新与技术革命的双重催化下，形成的复杂系统自组织演进，为区域发展提供了超越"中心—边缘"范式的新方案。

　　区域创新系统理论的传统框架强调由知识溢出向产业承接的线性传导，而"五个中心"的协同效应推动该系统向网络化拓扑结构升级。科技创新中心作为原创技术策源地，通过长三角 G60 科创走廊

---

[1] 陆铭：《上海建设国际经济中心升级版的战略思路研究》，《科学发展》2023 年第 3 期。

形成"研发—中试—制造"的分布式创新链；金融中心的科创板注册制改革，构建起覆盖长三角的"风险投资—上市融资—并购重组"全周期资本网络；航运中心的枢纽港功能与贸易中心的数字口岸规则协同，将区域物流网络升级为全球供应链的智能控制节点。这种跃迁的理论突破在于"创新流的三维重构"——知识流突破行政边界形成跨域创新共同体，资金流通过离岸金融工具实现跨境闭环循环，物流依托区块链提单系统构建可信数据通道。当张江实验室的量子通信技术与杭州数字安防产业、苏州高端制造集群形成"技术—应用—市场"的三角共振时，区域创新系统呈现出"超链接"效应，传统的地理邻近性被制度邻近性与技术邻近性超越，区域一体化的内涵从物理整合升维至规则协同。

区域一体化的深层障碍往往源于治理层级的权责错配，而上海"五个中心"通过多尺度治理的嵌套设计破解这一困局。在国家层面，通过长三角生态绿色一体化发展示范区，试验跨省域财税分享、生态补偿等制度工具，构建"利益共享—风险共担"的治理共同体；在地方层面，临港新片区"飞地经济"模式打破行政区划壁垒，实现政策红利在长三角的"制度外溢"。这种嵌套的理论价值在于治理弹性的建构，保持国家战略的刚性导向，又通过制度接口的柔性设计激活地方创新能动性。

传统区域发展理论受制于"路径依赖"桎梏，而上海"五个中心"建设通过技术经济范式变革驱动区域经济地理的创造性重构，这种重构遵循技术突变、制度响应、空间重组的演进路径：量子计算、合成生物等颠覆性技术的突破催生生物医药跨境研发监管等制度创新（自贸试验区），进而推动张江与临港在基础研究与临床转化方面创新走廊的空间生成；绿色金融工具创新激活长三角新能源产业集群的区位再选择。

3. 上海服务区域一体化发展的新实践

上海通过"五个中心"建设,从功能辐射、要素流动、创新驱动、物流支撑和绿色发展五个方面,全面服务于长三角区域一体化发展,通过全球资源配置能力的外溢带动区域经济发展,通过规则联动和政策协同促进市场一体化,借助技术创新和生态示范提升区域整体竞争力。

(1)功能辐射与经济协同

上海作为长三角区域的核心城市,通过国际经济中心建设强化了全球资源配置能力,并将经济功能向区域内延伸和辐射,推动区域经济协同发展。依托全球化经济平台,上海吸引了大量跨国企业的地区总部和研发中心落户。《上海市鼓励跨国公司设立地区总部的规定》的发布,使诸多跨国企业选择上海作为其亚太运营枢纽。上海的高端研发和服务环节,与苏州、杭州、宁波等周边城市的制造与配套形成了高效的产业链分工。根据《长三角地区一体化发展三年行动计划(2024—2026 年)》,上海要以人工智能、生物医药和数字经济等领域的研发优势,助力周边城市承接中游制造和产业配套环节,推动区域整体经济的结构优化和协同提升,这种经济功能的辐射,使区域内各城市能够互补短板、共享资源,形成了上海研发、周边制造、区域应用的协作模式。

(2)要素流动与市场一体化

区域一体化发展的关键是实现要素的高效流动和市场的一体化,而上海通过金融和贸易功能的协同建设,优化了区域内资源配置和规则协调。在国际金融中心建设方面,通过科创板和沪港通等机制,将国际资本有效引入长三角的重点产业和基础设施项目。例如,《上海高质量推进全球金融科技中心建设行动方案》明确提出，构建跨区域的资本配置平台，服务于区域内企业融资与科技创新。在贸易领域，通过推动通关便利化和物流效率优化，降低了区域内企业的运营成本。如《推进长三角区域市场一体化建设近期重点工作举措（2024—2025 年）》提出深化区域通关一体化改革，使得跨区域贸易更加便捷，上海的跨境电商平台和数字化贸易系统不仅服务于全球商品的流通，也带动了区域市场的无缝连接，加速了长三角市场一体化进程。

（3）创新驱动与技术协同

科技创新是区域一体化发展的动力源泉，上海通过国际科技创新中心建设与区域内其他城市建立了联动的创新网络，为区域协同发展注入了强劲动能。张江科学城作为上海创新资源集聚的核心载体，与苏州工业园区、杭州未来科技城等形成了创新协作格局，推动了区域内从基础研究到技术应用的全链条协作。根据《长三角科技创新共同体建设发展规划》，上海聚焦人工智能、大数据、量子计算等前沿领域，通过创新成果的转移和产业化机制，将关键技术快速辐射至长三角周边城市。在新能源和生物医药等领域，上海的创新成果已带动了区域内高新技术产业的集群化发展，为长三角整体的国际科技竞争力提供了强力支撑。

（4）物流网络与供应链效率

上海通过国际航运中心的建设，优化了长三角区域的物流网络、提升了供应链效率，为区域一体化发展提供了坚实支撑。洋山深水港四期全自动化码头的运行，使得上海成为全球效率领先的智能化港口，同时与宁波舟山港、连云港港等区域港口合作，构建了覆盖长三角的区域性港口群。海铁联运模式是这一合作的典范，使得货物能够直接从国际港口通过铁路运输到区域内陆，大幅提升了运输效率，降低了物流成本。[1]这种高效的物流体系，不仅支撑了区域内的贸易和产业协同，也强化了长三角地区在全球供应链中的地位。

（5）绿色发展与协同治理

绿色发展是区域一体化的高阶目标，而上海通过绿色金融和绿色物流的实践，为长三角区域的生态协同提供了示范。《上海市推进国际航运中心建设条例》中指出要与长三角地区有关省市建立合作机制，共同建设世界级港口群；并且要推进智慧绿色港口建设。绿色金融实践也成为推动区域生态治理的重要支撑，通过绿色债券的发行和碳交易市场的建设，上海引导大量资本流向长三角的环保项目，如苏州和杭州在上海绿色金融辐射下，加强了水资源治理和绿色能源发展，这种协同治理模式，促进了长三角经济发展与生态保护的良性互动。

---

[1]　孙丹妮：《提升服务能级　推进智慧绿色发展　加快建设世界一流的上海国际航运中心》，《中国水运报》2024 年 11 月 29 日。

第五章

发挥"四大效应"，推动上海"五个中心"协同发展的新思路

上海加快建设国际经济、金融、贸易、航运、科技创新"五个中心"，是党中央赋予的重大使命。经过多年来的建设，上海城市综合实力显著增强：截至 2024 年，全市生产总值达 5.39 万亿元，金融市场年交易总额达 3650 多万亿元；口岸货物贸易总额 11.07 万亿元，上海港集装箱吞吐量连续 15 年全球第一；全社会研发经费投入强度提升至约 4.4%[1]，每万人口发明专利数达 57.9 件。[2] 这些成果表明上海基本具备了"五个中心"的框架和能级。然而，新形势下国内外环境复杂多变，全球经贸格局深度调整，科技革命加速演进，这要求上海在已有基础上进一步强化"四大效应"，将"五个中心"各项功能从相对独立的发展转向协同联动，攥指成拳发挥合力，构建高效平台，把领先经验放大推广至全国，并将"五个中心"的发展成效扩大辐射至周边地区。正如上海市主要领导所强调的，要"不断强化'五个中心'的整体效应、平台效应、放大效应、辐射效应"，通过系统性协同提升城市能级和核心竞争力，更好服务国家改革发展大局。

---

[1]《关于上海市 2024 年国民经济和社会发展计划执行情况与 2025 年国民经济和社会发展计划草案的报告》，上海市发展和改革委员会官方网站，2025 年 1 月 23 日。

[2]《2024 年上海知识产权白皮书》，上海市知识产权局官方网站，2025 年 4 月 23 日。

一、强化"整体效应"，推进"五个中心"各项功能联动协同

整体效应指的是中心城市依托多功能协同发展所形成的综合提升效应。相较于单一功能的城市，中心城市具备更强的综合效应，其多功能属性能够在经济、金融、贸易、航运、科技创新等多个领域形成协同互动，从而促进整体发展。上海需要从战略定位、政策机制、功能布局、产业支撑、制度创新等方面入手，加强"五个中心"之间的整体效应，形成耦合共生、相互赋能的局面。作为中国乃至全球的重要经济中心，上海已经在这些领域建立了高度联动的发展格局，为城市的持续发展奠定了坚实基础。

（一）战略定位与整体谋划

"五个中心"建设是一项系统性工程，必须立足战略全局统筹谋划各中心的发展定位与协同路径。上海作为我国最大的经济中心城市，肩负建设面向全球的"五个中心"功能，这决定了其发展必须在国家战略中找准位置、发挥枢纽作用。从国家层面看，中央要求上海以"五个中心"为主攻方向，统筹牵引经济社会发展各方面工作，做到整体谋划、协同推进，重点突破、以点带面。[1] 这意味着在制定城市发展战略时，要将经济、金融、贸易、航运、科技创新各领域放在同一盘棋中考虑，避免各自为政、功能碎片化。各中心的建设目标既要各有侧重，又要服务于上海建设具有世界影响力的社会主义现代化国际大都市的整体愿景。上海国际经济中心的战略定位不仅在于经济总量和规模领先，更在于成为引领长三角区域一体化和服务全国的经

---

[1] 顾意亮：《五万亿之城如何再跃升？——上海市政协为"经济大省挑大梁"凝心聚力》，《人民政协报》2025年4月27日。

济枢纽；金融中心不仅追求金融市场规模，更强调服务实体经济和科技创新的能力；贸易和航运中心要联动"一带一路"建设和国内国际双循环，强化上海作为国内国际资源配置中心的地位；科技创新中心则提供源头创新供给，支撑其他中心的转型升级。从全局出发进行统筹，有助于打造城市功能的平台效应和辐射效应，使上海的发展红利惠及更广泛的区域和领域。上海在对内对外开放两个层面均发挥门户枢纽作用，通过连接长三角一体化发展和服务共建"一带一路"等，放大"五个中心"建设的外溢带动效应。在战略层面，上海需要坚持系统观念，把"五个中心"作为有机整体来谋划，以实现协同增效。

（二）政策机制与协同推进

要实现"五个中心"的协同联动，健全高效的政策协调机制和体制保障至关重要。上海近年来强调加强整体性、系统性构建，强化各项改革创新举措的系统集成和内在耦合。具体来说，一方面，要建立跨领域、跨部门的统筹协调机制，使关于经济、金融、贸易、航运、科技创新的政策能够相互配合、同步推进。如，近年来上海市专门设立了由市长担任组长的自贸试验区推进工作领导小组，成员包括常务副市长、浦东区委书记、临港新片区管委会主任等，各相关部门密切协作。这一机制在推动自贸试验区各轮改革方案和临港新片区方案落实的同时，也有效促进了自贸试验区建设与上海"五个中心"建设、长三角一体化等国家战略的协同联动。再如，为了统筹金融与科创政策，上海在推进国际金融中心建设领导小组下设立了科创金融改革工作组，协调央行、金融监管机构和市级部门共同推进科技金融改革试验区建设，加快构建多层次、广覆盖的科技金融服务体系。这些工作机制确保了各项政策不各自为战，而是形成"几家抬"的合力。另一方面，在政策供给上要坚持统筹联动和先行先试相结合。统筹联动要求在制定政策时注重不同领域政策的配套衔接，举例而言，围绕发展离岸经济这一主题，需要对离岸金融、离岸贸易、离岸研发进行一体化设计，与相应的监管制度同步完善，并与上海经济转型升级统筹推进，构建完整的跨境和离岸业务体系。先行先试则赋予上海在部分领域更大的改革自主权，通过区域试点为全国探路。典型案例是浦东新区综合改革和自由贸易试验区建设。通过政策机制的创新，上海为"五个中心"功能叠加创造了制度条件：金融开放政策为贸易和航运提供资金支持，贸易自由化措施为金融创新拓展业务空间，科技政策与产业政策协同提升经济中心内涵，形成各功能板块相互促进的局面。

（三）功能布局与协同联动

上海"五个中心"功能的协同性还体现在城市空间和功能布局的优化上。上海作为超大城市，功能布局上采取核心区＋功能区相结合的模式，在不同区域集聚不同中心功能，同时通过交通、信息、制度等纽带实现联动发展。浦东新区作为上海改革开放的桥头堡，集聚了金融、贸易、航运、科创等核心功能：陆家嘴金融城是金融机构和市场最集中的区域，张江科学城汇集高新技术产业和研发机构，洋山深水港及临港新片区则承载着航运物流和先进制造功能。这样的布局为各功能要素提供了地理集中优势，更重要的是通过新区整体规划实现各功能耦合共生。临港新片区通过"一园多用"的功能叠加实践，为"五个中心"联动发展贡献了鲜活案例和"临港经验"。不仅是浦东，上海市区的功能布局同样强调协同，比如，虹桥国际中央商务区重点发展会展商贸功能，承办进博会等重大展会，带动贸易和消费；再如，吴淞创新城（宝山）将邮轮航运、国际贸易与研发基地相结合，打造邮轮经济和科技创新融合的发展新区。通过这些功能布局上的统筹，上海各功能片区不再孤立发展，而是通过交通网络、信息平台和政策协同形成有机联动。由此，城市空间布局与功能体系的优化，实现了"五个中心"在地理空间和功能链条上的融合，增强了城市的整体发展。

（四）产业支撑与融合发展

协同推进"五个中心"，离不开产业体系的支撑和各产业间的融合互动。上海正着力构建现代化产业体系，以产业高质量发展来夯实"五个中心"的功能基础。一方面，上海巩固提升汽车、电子信息、高端装备、生物医药等制造业优势，以新技术、新模式、新业态赋能传统产业转型；另一方面，加快布局集成电路、人工智能、生物医药等战略性新兴产业，打造世界级产业集群。这些举措直接服务于国际经济中心的建设，使上海经济中心有坚实的实体产业基础。然而，要让产业升级与"五个中心"形成良性互动，关键是促进制造业与服务业的深度融合。制造业的升级需要金融服务、航运物流、技术创新的支撑；反过来，金融、航运等服务业的发展也需要源源不断的产业活动来提供需求和场景。上海高度重视科技创新与产业创新的融合，强调以科技创新引领产业转型，加强技术研发与产业应用对接，推动形成更多依靠创新驱动的新动能。可以预见，随着上海进一步打通"科技—产业—金融"循环体系，实现创新动力、制造实力、物流运力、服务能力、链主控制力等"五大核心能力"的融合提升，城市产业竞争力和"五个中心"功能将实现同步跃升。

（五）制度创新与开放引领

在迈向更高水平协同发展的过程中，制度创新和对外开放是上海打造"五个中心"整体效益的关键动力。上海历来是我国改革开放的试验田，许多新的制度安排和政策突破先在上海落地，再向全国推广。建设"五个中心"同样需要以制度创新破除体制机制障碍，为协同联动提供长效保障。首先，要以更高站位推进先行先试的制度创新。上海已经率先实施了一系列开创性举措：注册制改革率先在上交所科创板试点，重塑了资本市场服务科技创新的制度环境；自由贸易试验区实行全国首创的负面清单管理模式和贸易监管改革，为贸易中心功能提升提供了制度支撑；浦东新区被赋予制定法规的权限，推出国内首部人工智能立法和数据条例等，为新兴产业和新兴业态发展提供法治保障。这些举措体现了通过制度供给来引领功能提升的思路。只有为"五个中心"建设构建制度之桥、机制之桥和开放之桥，不断创新体制机制、深化改革和扩大开放，才能为各中心协同发展奠定坚实基础。这种制度层面的先行探索，将确保"五个中心"协同联动有坚实稳定的框架支撑和可持续的驱动力。

整体效应的实现不仅依赖于政策和产业的协同发展，也需要政府、企业和社会多方合力推动。政府作为宏观调控主体，需要建立高效的协调机制，优化行政审批流程，推动跨部门合作，以降低制度性成本、提高政策执行效率。在科创中心建设方面，政府可以设立专项基金，鼓励高校和企业联合攻关核心技术，推动科技成果转化。企业作为市场主体，应积极加大研发投入，推动产业链整合，通过技术创新和商业模式创新增强市场竞争力。在金融中心建设方面，企业可以利用上海的资本市场资源，促进跨境投融资合作，以增强全球资本配置能力。此外，社会组织和学术机构也应积极发挥智库作用，为城市发展提供科学决策支持，可以通过研究上海"五个中心"发展的关键瓶颈，为政府提供政策建议，以助力各中心功能协调推进。

强化"整体效应"可以使得上海"五个中心"相互促进、协同发展，形成更高水平的城市功能体系。只有在政策、产业和社会力量的共同作用下，上海才能充分释放整体效应的优势，进一步巩固其全球城市地位，在新时代的发展格局中占据战略高地。

二、创建"平台效应"，积极促进平台经济发展

平台效应指的是中心城市通过构建各种功能性平台，实现资源的高效集聚与优化配置，从而提升城市综合功能，增强全球竞争力。对于上海这样的超大城市而言，平台经济不仅是经济增长的新引擎，也是增强城市综合功能的重要途径。平台效应体现在：一个高能级平台的建立，往往可以撬动上下游多个产业联动发展，产生攥指成拳的集聚效应。上海主要领导曾强调，上海"五个中心"建设是一个系统工程，各中心功能相互交融、有机统一，必须在战略全局下强化整体性和系统性，发挥平台在要素集聚和功能联动中的支撑作用。简言之，通过打造若干关键领域的平台，上海可以实现以点带面、以平台带产业，形成各中心之间协同发力、相互促进的局面。上海依托各领域的专业平台，持续链接国内外优质资源，为"五个中心"建设提供支撑，并不断提升资源配置效率，增强国际影响力。作为全球性城市，上海正不断优化资源配置效率，提升要素流动性，以进一步增强其在全球产业链、供应链和价值链中的关键作用。

（一）数字平台赋能国际经贸

数字平台主要指依托数据要素和数字技术的各类线上平台，包括数据交易平台、电子商务平台、数字贸易平台等。数字平台经济的发展，为上海国际经济中心和贸易中心建设注入了新动能。数据作为新型生产要素，其流通和交易需要相应的平台设施。2021年11月，上海数据交易所揭牌成立，这是在贯彻中央支持浦东引领区建设背景下

打造的数据要素市场化流通平台。上海数据交易所作为准公共服务机构，以"构建数据要素市场、推进数据资产化"为使命，探索数据确权、定价、交易的制度创新。上海数据交易所的建立是数字时代发展的里程碑，能够促进数据互联互通，提升整个数据生态的链接价值。更重要的是，它为上海打造"国际数字之都"提供了重要支撑，有望形成引领全国的数据要素市场的"上海模式"。这将极大提升上海在全球数据资源配置领域的地位，助力国际贸易中心和科创中心功能提升——一方面发展数字贸易、离岸数据交易等新业态，另一方面为科技创新提供数据要素支撑。

同样，数字平台也推动了贸易方式变革和贸易便利化。上海积极参与全球数字贸易规则制定，打造新的贸易平台。临港新片区"跨境通"平台是其中的典型代表。通过对贸易资金流的穿透式监管和真实性校验，该平台解决了长期困扰离岸贸易的真实性审核难题，既提高了银行服务跨境贸易的效率，也优化了监管功能，极大提升了企业开展跨境业务的便利度。这一创新实践表明，数字贸易平台能够将贸易、航运、金融、监管等环节有机衔接，实现协同增效。对于上海国际贸易中心和国际航运中心建设而言，"跨境通"既提升了贸易便利化水平，又增强了离岸贸易的监管与服务能力，有助于巩固上海作为全球贸易枢纽的地位。

（二）科创平台筑牢产业升级之本

作为建设具有全球影响力科技创新中心的重要举措，上海近年大力布局科技创新平台，包括综合性国家科学中心、大科学装置集群、重大科研功能型平台等。这类平台旨在集聚高端创新资源，产出战略性科技成果，并通过产学研协同转化为产业优势。张江实验室是上海科创平台建设的标志性工程，该实验室于2017年在浦东张江成立，由上海市政府与中国科学院共建，目标是打造具有广泛国际影响力的突破型、引领型、平台型综合研究基地。张江实验室实行管委会领导下的主任负责制，以中国科学院上海高等研究院为依托，将上海光源、蛋白质科学研究（上海）设施等一批国家重大科技基础设施纳入统一管理。这意味着张江实验室整合了光子科学、生物医药等领域的顶尖科研装置和团队，形成综合性大科学研究能力。其力争到2030年跻身世界一流国家实验室行列，建成全球规模最大、种类最全、综合能力最强的光子科学设施集群。上海市委市政府高度重视这一平台，出台系列创新政策予以扶持。像张江实验室这样的科创平台，一头连着科学高地，一头连着产业未来，是科创中心建设和经济中心升级的结合点。通过强化科技策源功能，上海能够更好抢占未来产业制高点，并将科研优势转化为经济高质量发展的长久动能。

（三）产业链协同平台夯实制造业根基

上海作为国际经济中心，不仅以金融和服务见长，亦有坚实的先进制造业基础。为巩固提升制造业比重、推动产业体系现代化，上海近年来倡导发展产业链协同平台，特别是产业互联网平台。产业互联网平台利用数字技术连接产业链上下游企业，具有信息撮合、交易撮合、供应链金融、物流仓储和专业服务等功能，被视为现代产业体系的重要节点和平台经济赋能实体经济的关键载体。根据《上海市促进产业互联网平台高质量发展行动方案（2023—2025年）》，上海明确将产业互联网平台作为服务全国统一大市场、提升长三角制造业能级的重要支撑，提出到2025年全市产业互联网平台交易额突破3.3万亿元，培育100家以上平台企业（其中独角兽和上市公司10家以上）。这体现出平台思维正深度融入上海产业发展战略：通过打造一批行业级平台，带动生产制造与数字技术融合，优化产业链分工，提升供应链韧性和资源配置效率。

上海在电子信息、装备制造、生物医药等重点产业领域都在深耕垂直服务平台。这些产业链协同平台通过数据赋能和流程再造，解决了传统产业链信息割裂、协作低效的痛点，显著提高了生产效率和资源配置优化水平。更重要的是，它们能够集聚产业上下游资源在沪发展，形成"上海技术赋能全国，资源要素上海调度"的生态格局。这对于上海巩固制造业优势、做大经济总量具有战略意义。通过产业互联网等协同平台赋能，"先进制造业＋现代服务业"深度融合发展正成为上海产业升级的亮点。由此，上海国际经济中心建设能够成为实体经济"压舱石"，并在全国产业链供应链现代化中发挥引领作用。

（四）金融基础设施平台支撑资源配置功能

高水平的金融基础设施平台是金融中心运行的基石。上海的金融市场体系完备，拥有股票、债券、货币、外汇、期货等各类市场及清算支付体系。2024 年上海金融市场交易总额达 3650.3 万亿元人民币[1]，交易规模稳居全球前列。如此巨量的金融资源高效运转，离不开交易平台和清算平台的支撑。其中，上海证券交易所主板及科创板、上海期货交易所及其子公司上海能源交易中心、上海清算所、人民币跨境支付系统（CIPS）等，构成了上海金融基础设施的关键网络。通过不断完善金融市场、产品、机构和基础设施"四大体系"，上海正着力提升金融资源的全球配置能力和服务实体经济的效率。

其中最为突出的案例是上海证券交易所科创板。科创板自 2019 年开市以来，承担着服务科技创新企业融资和试点资本市场改革的双重使命。至 2024 年，科创板上市公司已达 572 家，总市值 5.17 万亿

---

[1]《2024 年上海市国民经济和社会发展统计公报》，上海市统计局官方网站，2025 年 3 月 25 日。

元。累计 IPO 融资 9091 亿元[1]，集聚了一批生物医药、新一代信息技术、高端装备等领域的行业领军企业，形成了科创企业上市的"强磁场"，科创板已成为我国"硬科技"企业首选的融资平台。更为重要的是，科创板在注册制改革、交易机制创新、包容性上市准入等方面不断完善，为中国资本市场改革提供了宝贵经验。科创板通过资本市场这一平台，将社会资本有效导向了国家战略科技领域，促进了科技、产业、金融的高水平循环：一方面为科创企业提供便捷融资和市场化定价，支持关键核心技术攻关；另一方面也丰富了上海金融市场的层次和产品，巩固了上海作为国际金融中心的地位。

除了科创板这样的交易平台，上海也在加快打造新的金融功能性平台。上海将加快打造国际金融资产交易平台，高水平建设国际再保险中心，提升人民币跨境支付系统服务功能，优化跨境金融服务和离岸金融业务创新。这些举措旨在拓展上海金融市场的广度和深度，探索建立面向全球投资者的多元资产交易平台，满足境外主体配置人民币资产的需求。在 CIPS 系统总部落户上海后，交易额高速增长，上海正推动其服务功能升级，以便利跨境贸易投资中的人民币结算，支持"一带一路"等国家建设。通过这些金融基础设施平台的完善，上海的金融中心将更好服务贸易中心和经济中心建设：一方面，为国际贸易提供安全高效的结算清算服务，如跨境支付平台保障全球资金往来顺畅；另一方面，通过大宗商品交易平台提升大宗商品定价权和资源配置能力，服务实体产业发展。可以预见，随着更多国际性金融平台在沪落地，上海的金融市场将更具包容性和创新性，在全球金融体系中的枢纽地位将进一步巩固。

---

[1] 曹倩：《吴清：积极拥抱并服务新质生产力发展是资本市场的责任也是难得机遇》，央广网，2024 年 6 月 24 日。

（五）公共服务平台优化协同发展

除了上述市场化的平台类型，政府主导或参与建设的公共服务平台同样是平台效应推动城市协同发展的重要一环。这类平台涵盖了政务服务、公共数据、民生服务等领域，通过数字化手段提升治理和服务效率，为"五个中心"建设营造良好的软环境。上海近年来以城市数字化转型为契机，打造了一系列公共服务平台。如"一网通办"平台大幅降低企业和市民办事成本；上海城市运行管理服务平台整合全市公共数据，实现对交通、能源等运行态势的实时监测与智能调度，为航运、贸易等提供可靠的城市保障。

公共服务平台通过提供高效便捷的服务，使得市场主体和创新人才在上海发展更有获得感和便利度。这实际上间接增强了上海对金融机构、贸易企业、航运企业和科研人才的吸引力，强化了"五个中心"建设的人才和要素支撑。以上海公共数据开放平台为例，上海率先开放了数百项公共数据集，供企业和社会开发利用。据统计，上海公共数据开放利用迄今催生了数字地图、交通导航、城市安防等诸多创新应用，也为金融风控、物流优化提供了宝贵的数据支撑。这种政府提供底层数据资源、企业进行应用创新的模式，体现了公共服务平台与数字平台经济的良性互动。

同样，在科创领域，上海依托张江实验室等平台建立了产学研公共服务体系，如张江科学城的技术交易市场、知识产权服务平台等，为科技成果转移转化提供"一站式"支持。这些举措打通了科技与经济的衔接通道，使创新更快地转化为生产力，服务于经济中心和科创中心的融合。

可以说，每一个成功的平台经济实践背后，都离不开制度供给和公共服务的同步创新。上海正是通过优化政策环境、提供公共平台支撑，来放大平台效应的辐射面——不仅服务于本地企业和产业，也通过长三角一体化联动，带动周边乃至全国相关领域的发展。

上海依托各类功能性平台的构建和完善，实现了资源的高效链接和优化配置，为"五个中心"建设打下坚实基础。平台效应使上海成为全球资源高效配置的重要节点，为全球经济增长提供强大动力。未来，上海还需继续深化改革、拓展开放、优化环境，进一步释放平台效应的潜力，巩固其作为全球金融、贸易、科技和航运中心的领先地位。

三、激发"放大效应"，形成可复制、可推广的经验

放大效应指的是以重点区域的新一轮改革为突破口，对标国际最佳实践，先行先试、勇于突破，从而形成具有全国示范意义的改革经验并加以复制推广。政策或改革措施在上海实施后，通过成功的实践和优化，形成可复制可推广的经验，进而在更广泛范围内产生更大影响。放大效应的成功关键在于初步试点的精准设计与高效执行，以及持续的评估和调整机制。通过先行先试的策略，不仅可以探索最佳实践，还能及时发现并纠正实施中的问题，优化政策设计。一旦模式成熟，便可推广至更多的区域，通过制度创新促进整体社会经济的进步。作为全国制度创新的先行者，上海高质量地完成了国家部署的引领任务，将一大批具有可操作性的创新性政策放大推广至全国。

（一）制度创新试验田地

作为中国第一个自由贸易试验区，上海自贸试验区在投资管理领域率先实行了外商投资准入负面清单制度。这一制度突破了传统的外商投资审批模式，实现"法无禁止即可为"：2013 年 9 月上海自贸试

验区挂牌次日即发布首份外商投资准入特别管理措施——《中国(上海)自由贸易试验区外商投资准入特别管理措施(负面清单)(2013年)》,列明了当时限制或禁止外资进入的 18 个行业门类 190 条措施。此举被视为颠覆式的制度创新,为我国引入准入前国民待遇加负面清单的管理模式进行了先行探索。在随后的几年里,上海持续对标国际高标准投资规则,对负面清单进行了七轮"瘦身"调整,于 2021年把限制措施缩减至 27 项,制造业领域限制条目实现清零。负面清单的成功试点为全国提供了宝贵经验,这一模式在 2015 年扩展到新设的广东、天津、福建等自贸试验区,2018 年起上升为全国统一适用的外商投资负面清单制度,并写入《外商投资法》。实践证明,负面清单试点有效激发了市场活力,创立十年间,上海自贸试验区累计吸引外资实际到资 586 亿美元[1],成为外资进入中国的门户枢纽。更重要的是,上海等自贸试验区探索形成的 123 项改革试点经验已在全国或特定区域复制推广[2],带动更大范围优化营商环境,彰显了"改革开放试验田"的作用。例如,2018 年中国取消了汽车整车制造外资股比限制,特斯拉得以在临港独资建厂,此项突破带动我国外资准入负面清单不断压缩,至 2022 年全面取消制造业外资准入限制。由此可见,上海自贸试验区的负面清单改革通过先行先试和制度完善,实现了从局部试验到全国推广的"放大效应",为全国构建开放型经济新体制提供了范本。

(二)金融改革开路先锋

在国际金融中心建设方面,上海通过设立科创板并试点注册制,

---

[1]《一张负面清单带来颠覆式创新,上海自贸区十年吸引外资 586 亿美元》,澎湃新闻网,2023 年 9 月 20 日。

[2] 王俊岭:《自贸区改革深化为经济添动力》,《人民日报·海外版》2018 年 5 月 25 日。

充当了我国资本市场改革的"试验田"。2019 年 7 月，上海证券交易所科创板鸣锣开市，标志着股票发行注册制这一重大改革首次落地。与主板核准制不同，注册制强调以信息披露为中心，弱化行政审核对发行节奏和定价的直接干预。科创板推出了一系列制度创新，包括上市前 5 日不设涨跌幅限制、20% 的涨跌幅区间、更市场化的定价与交易机制以及严格的退市制度等。科创板的注册制试点取得了显著成效：两年内已有数百家科技创新企业上市，融资规模位居全球科创板块前列，板块包容性和市场活力大幅提升。

更为关键的是，科创板发挥了改革"放大效应"——其经验被迅速复制推广至全国资本市场。2020 年深圳创业板借鉴科创板实行注册制改革。此后监管层在充分评估科创板、创业板试点经验的基础上，于 2023 年在沪深主板全面实行股票发行注册制。由此，我国资本市场发行上市制度完成了根本性转型，实现了由增量试点向存量市场的扩展覆盖。这一过程充分证明，上海科创板的改革探索不仅服务于本地科创企业发展，也为全国资本市场改革提供了可复制、可推广的范本，对提升金融市场资源配置功能和支持科技创新起到了示范作用。

（三）数字政府创新构建

在国际贸易和经济中心建设中，营商环境的优化是关键支撑。上海通过政务服务模式创新，实现了政府治理体系和治理能力的现代化提升。其中，"一网通办"改革是标志性的举措。2018 年初，上海率先升级政府服务模式，推出了企业和市民办事的"一网通办"总门户，实现线上"一站式"办理各类政务事项。传统模式下企业和群众经常面临"多头跑、来回跑、办证多、办事难"等困境，"一网通办"则通过数据共享和流程再造，大幅简化了办事环节。经过持续迭代，上海"一网通办"平台功能日益完善，成为上海营商环境的一张亮丽名片。

这一创新经验具有很强的可推广性，国务院办公厅于2019年3月印发《长三角地区政务服务"一网通办"试点工作方案》，要求总结推广沪苏浙皖三省一市的改革经验，推动长三角区域政务服务跨省通办和数据互通共享。以此为指导，上海积极加强区域协同：与江苏、浙江、安徽共同建立了长三角"一网通办"跨省平台，统一业务标准，实现企业和群众异地事项线上办理。可以说，"一网通办"改革从上海起步，经过长三角试点，正在为全国政务服务一体化树立模板。其"可复制、可推广"价值已在国家层面得到认可，并作为优化营商环境、建设数字政府的重要抓手在各地广泛实践。

（四）集成创新引领典范

上海自由贸易试验区临港新片区是上海推进更高水平开放和更高质量发展的战略空间，于2019年8月设立，承担着对标国际最高标准、打造特殊经济功能区的新使命。临港新片区的建设突出"制度集成创新"，即将各领域改革举措协同配套推进，以提升整体改革效能。至2024年8月，临港新片区聚焦投资自由、贸易自由、资金自由、运输自由、人员从业自由、信息快捷联通（即"五自由一便利"）等方面推出了330余项政策，形成了138个突破性的制度创新案例。[1]这些创新举措涵盖了行政审批、产业准入、金融开放、监管模式等诸多领域。其中，最引人瞩目的案例之一是特斯拉上海超级工厂的高速落地，生动展现了制度集成创新如何产生"放大效应"。

2018年，国家在新能源汽车领域首次放开外商独资建整车厂的限制，特斯拉随即决定在临港建设其全球首家海外工厂，成为中国汽车

---

[1]　刘士安、谢卫群、朱俊杰：《制度创新助力更高水平开放》，《人民日报》2024年8月20日。

产业对外开放的新里程碑。在上海市和临港新片区的全力支持下，特斯拉项目创造了当年签约、当年开工、当年投产的"特斯拉速度"。这是临港新片区在项目审批、规划许可、验收监管等环节大胆改革的结果。新片区建立了一体化的项目审批信息管理服务平台，推行企业投资项目承诺制等举措，最大程度精简了审批流程。政府部门围绕企业需求主动创新监管服务，实现"拿地即开工"等突破，为项目建设提速提效提供了制度保障。通过这些集成式改革，新片区将"特斯拉速度"固化为可复制推广的"临港速度""上海速度"。特斯拉工厂投产后，上海迅速成为特斯拉全球出口中心，2024 年产能超过 95 万辆，带动新片区智能电动车产业产值从 2019 年的 314 亿元激增至 2023 年的 2879 亿元。[1] 更重要的是，临港新片区在审批制度、监管模式上的创新经验，正在推广至其他重大产业项目和区域开发中。如今，"企业投资项目承诺制"等改革做法已在长三角一些开发区和全国自贸试验区中得到借鉴实践。通过制度集成，临港新片区不仅放大了自贸试验区的辐射带动效应，也为全国探索更高水平开放和高效治理提供了宝贵经验。

（五）行政审批改革试点

优化营商环境还体现在商事制度改革方面。上海浦东新区自 2015 年起率先开展了"证照分离"改革试点，旨在破解企业开办运营过程中"办照容易办证难"的痼疾。所谓"证照分离"，是指将营业执照的获取与经营许可的审批相分离，通过分类改革行政许可事项，为企业取得营业资格所需的各类许可减少障碍。2015 年 12 月，国务院正式批复同意上海浦东新区开展"证照分离"改革试点，选择第一批

---

[1] 胡幸阳：《特斯拉上海储能超级工厂开工 有望"今年投产、今年交付"》，《解放日报》2024 年 5 月 24 日。

116 项与企业相关的行政许可事项进行改革。改革采取取消审批、改为备案、告知承诺、提高透明度和加强监管等多种方式分类推进，力求"照"后的许可事项要么取消要么简化，以降低市场准入门槛。

试点开始后的一年多，浦东企业"办证难"问题大为缓解。这一显著成效为全国深化"放管服"改革提供了信心和依据。2017 年国务院常务会议决定，在全国其他 10 个自贸试验区和约 400 个国家自主创新示范区等地区复制推广浦东"证照分离"改革经验。[1] 随后两年内，更多批次的行政许可事项被纳入改革范围（浦东试点事项扩展至 548 项），并在更大地域推行。到 2019 年底，国务院部署在全国范围分阶段推开"证照分离"改革，全国各自贸试验区、国家级新区乃至省市层面普遍实施了清单式的许可事项改革。可以说，上海浦东的这一探索为全国行政审批制度改革累积了宝贵的可复制、可推广经验。全国各地通过借鉴"证照分离"改革，大幅压减了企业取得营业所需的各类许可审批，市场准入更加便利透明。这既促进了大众创业、万众创新的热潮，也提升了我国营商环境在世界银行等机构评价中的排名。上海通过该项改革充分展现了先行先试的担当，为全国优化行政管理体制提供了示范样本。

（六）服务贸易开放先驱

在国际贸易中心和航运中心建设过程中，上海积极探索服务业开放的新路径。其中，上海自贸试验区率先试点了跨境服务贸易负面清单管理模式。这一举措旨在对标国际高标准服务贸易规则，在压力测试中为全国服务贸易领域进一步开放积累经验。2018 年 9 月，上海市政府发布了《中国（上海）自由贸易试验区跨境服务贸易负面清单管

---

[1]　唐玮婕：《上海自贸区探索建设高效监管体系》，《文汇报》2018 年 9 月 28 日。

理模式实施办法》，明确在上海自贸试验区内跨境服务贸易实行负面清单管理，允许清单以外的跨境服务自由进入。上海自贸试验区据此编制了首张跨境服务贸易特别管理措施（负面清单），涵盖自然人移动、境外消费、跨境交付等服务贸易模式下对境外服务提供者的限制措施。

上海在服务贸易领域坚持"大胆闯、大胆试"，率先扩大开放并完善事中事后监管，在金融、教育、文化、专业服务等领域推出一批开放举措，取得了一系列可复制推广的经验成果。上海浦东在自贸试验区内放宽了外资金融服务和文化娱乐服务的准入限制，试点跨境数据流动和人才执业资格互认等，为全国层面探索服务业开放提供了案例支持。

基于上海等地试点成果，国务院于2021年推出了全国版跨境服务贸易负面清单（在海南自由贸易港率先实施），随后2024年又发布了更新的全国版和自贸试验区版跨境服务贸易负面清单。其中，全国版清单列明了71条特别管理措施，自贸试验区版为68条[1]，后者在自然人资格、专业服务、金融、文化等领域进一步放宽准入，比全国版少3条限制。这表明自贸试验区先行先试所形成的制度创新，经过评估完善后正向全国推广应用。上海跨境服务贸易负面清单试点，不仅为服务贸易领域的制度型开放进行了有益探路，也再次验证了在特定区域试验形成经验、再向更大范围复制的有效路径。随着这些举措在更多自由贸易试验区、自由贸易港落地实施，我国服务贸易自由化便利化水平将持续提升，而其中"上海经验"无疑发挥了关键的示范引领作用。

---

[1] 商务部新闻办公室：《商务部发布全国版和自贸试验区版跨境服务贸易负面清单》，中华人民共和国商务部网，2024年3月22日。

上海围绕建设"五个中心"所开展的一系列改革实践,成功体现了放大效应的内涵,即通过制度创新和先行先试,在一域形成突破,并将经验推广到更广阔的区域乃至全国范围,产生倍增的改革效能。这些改革案例——从投资领域的负面清单、资本市场的注册制,到政务服务的"一网通办"、新区的集成创新,再到营商环境和服务贸易的开放举措,无不体现出上海作为改革开放排头兵和试验田的使命担当。

上海的经验之所以可复制、可推广,在于其紧扣国家战略需求和发展方向:既服务于自身能级和核心竞争力的提升,又注重对全国起到制度供给和示范引领的作用。这些经验已经在自贸试验区、国家级新区、长三角一体化示范区等平台得到验证和传播,助力相关地区实现高质量发展和制度创新突破。可以预见,随着上海继续深化"五个中心"建设,面向高水平开放和高质量发展展开新的制度探索,还将有更多改革成果不断涌现,并通过放大效应惠及全国。在迈向中国特色的社会主义现代化进程中,"上海经验"正转化为引领中国城市乃至国家治理变革的宝贵范式,为全面深化改革开放作出独特而重大的贡献。

四、扩大"辐射效应",延伸"五个中心"核心功能

辐射效应指的是中心城市不仅影响自身发展,也在区域经济一体化和全球经济格局中发挥关键作用。上海"五个中心"建设需要在国家发展战略框架下进行统筹,以长三角一体化为依托,加强区域联动,增强对全国乃至全球的辐射能力。这种辐射效应不仅体现在经济、金融、贸易、航运和科技创新等领域的资源外溢,还涉及制度创

新、城市治理和国际合作等多方面的综合影响，从而进一步提升上海在全球城市体系中的地位。

要提升辐射效应，需透彻理解其内在机制。第一是功能外溢机制，上海作为"五个中心"，凭借金融、贸易、航运和科创能力的积累向区域辐射，如金融市场为长三角企业提供资本支持，贸易航运平台提供全球物流服务，科创成果扩散带动区域产业升级。第二是要素集聚带动机制，超大城市的高端人才、资金和技术资源高度集聚上海，当集聚达到一定规模后，通过产业链延伸向邻近城市扩散，形成"人才圈"和"产业圈"，实现区域内资源的优化配置。第三是区域联动机制，上海与苏浙皖打破行政壁垒，通过基础设施互联和市场一体化实现紧密协作，使先进经验、技术标准及管理模式在更大范围内推广，推动长三角区域协同发展。第四是制度输出机制。上海通过自贸试验区和科创板等先行先试的制度创新，将成功经验复制推广到全国，为区域协同提供制度支撑，有效提升周边地区治理水平和营商环境。第五是品牌引领机制，上海凭借国际知名度和重大活动如进博会，以及"上海服务""上海制造"等城市品牌，发挥示范带动作用，提升区域对高端服务与消费的吸引力，强化上海的区域龙头地位。目前，上海建设"五个中心"中的辐射效应主要通过五大路径来实现，以达到延伸"五个中心"核心功能的目的。

（一）基础设施互联互通

发达的基础设施是上海带动区域发展的坚实基础。上海依托强大的交通枢纽地位，大力推进与长三角城市的交通网络对接。在轨道交通方面，加快构筑"五个方向、十二条干线"的高速铁路网络（沪苏通、沪苏湖、北沿江等高铁项目），实现与苏浙皖主要城市的直连。随着城市地铁、市域列车、城际铁路的衔接，一小时通勤圈正在形成，大大提高了要素流动效率。在航空和港口方面，浦东国际机场实施三期扩建并规划空铁联运的综合交通枢纽，以增强其对长三角的服务辐射能力；上海港 2024 年集装箱吞吐量突破 5000 万标准箱，蝉联全球第一。[1] 上海还通过长三角港航一体化合作，与江苏、浙江等港口协同布局，例如联合浙江省开发洋山深水港小洋山北侧码头，完善江海联运体系。同时，上海率先部署新一代信息基础设施，实现市域 5G 全覆盖和"双千兆"宽带网络，为区域数字经济提供高速互联支撑。

（二）政策协调与协同治理

作为改革开放的前沿，上海在制度创新和治理现代化方面的经验具有示范意义。上海自贸试验区设立以来推出了投资准入负面清单、贸易监管便利化等一系列制度创新举措，为全国提供了可复制的改革样板。这些经验随后在其他自贸试验区乃至全国范围推广应用，促进了更大范围的营商环境优化。在区域一体化框架下，沪苏浙皖正携手建设统一开放的市场体系和世界一流营商环境。统一市场准入标准、跨区域联合监管执法、信用信息互通共享等举措降低了区域内制度性交易成本。同时，通过设立长三角生态绿色一体化发展示范区、G60科创走廊等合作平台，探索协同立法、财政共担、数据共享等创新治理模式，在规划、环保等领域实现联动管理。"一网通办"等上海数字政务成果也在区域推广，长三角九城市政务服务基本实现异地同办。通过上述努力，上海将自由贸易、营商环境等领域的先进经验复制到长三角，为区域一体化提供了制度支撑。

（三）产业协同与分工

上海在构建现代产业体系过程中注重与周边城市形成功能互补、

---

[1]　贾远琨、狄春：《上海港集装箱年吞吐量突破 5000 万标箱》，新华网，2024 年 12 月 22 日。

分工合理的区域产业格局。作为国际经济中心，上海集聚了金融、航运、专业服务等高端要素和总部经济资源，为制造业提供强大支撑；而周边的江苏、浙江、安徽等地制造业基础雄厚。上海主动将部分中端制造环节向周边疏解，携手共建一体化的产业链供应链。在电子信息、汽车、生物医药、装备制造等产业领域，长三角地区正共同打造世界级产业集群，上海侧重于研发设计、总部管理和高端制造环节，周边城市侧重大规模生产和配套，从而提高整个区域产业链的竞争力。例如，在新能源汽车产业上，上海聚焦整车研发与智能网联技术，特斯拉、上汽等整车企业落户上海，而动力电池和零部件企业布局于苏州、宁波等地；在集成电路等领域也形成了类似的分工格局，共同构建起完整的产业生态。为促进产业协同，上海还与周边共建沪苏大丰产业区、漕河泾海宁园区等跨省产业园区，将上海的资金、技术、管理优势与外地要素禀赋相结合。同时，通过长三角产业合作联盟等机制，各城市对接产业发展规划，避免同质竞争，实现错位发展。总体而言，以上海为核心节点的区域产业分工体系正在形成：上海发挥"龙头"作用，引领产业链高端环节并提供服务平台，周边城市承接中端制造配套，共同提升在全球价值链中的地位。

（四）科技创新外溢

上海要建成具有全球影响力的科技创新中心，在科技资源和创新成果方面对区域的带动作用尤为明显。上海聚集了全国顶尖高校和科研院所，建成张江综合性国家科学中心等重大科创基地，拥有20项国家重大科技基础设施，每万人高价值发明专利拥有量达57.9件[1]。这些创新要素不仅服务于上海自身发展，也通过多种机制惠及周边地

---

[1]《政府工作报告——2025年1月15日在上海市第十六届人民代表大会第三次会议上》，《解放日报》2025年1月20日。

区。上海与长三角兄弟省市携手构建协同创新网络：在基础研究领域，上海张江科学中心与安徽合肥共同建设量子信息科学国家实验室等重大项目，实现科研资源跨区域整合；大型科研装置面向长三角科研人员开放共享，区域科学仪器共享平台已经建立，使长三角科研机构能够便捷使用上海的先进设备。在技术转移方面，依托上海技术交易所，长三角技术市场一体化加快推进，上海的创新成果通过线上平台在区域内自由流动并示范应用。例如，上海在智慧交通、金融科技等领域的创新应用经验已推广至苏州、杭州等地，提升了区域整体的技术水平。通过这些努力，上海的科技创新策源功能得以向外辐射，周边城市的研发和产业创新能力在上海带动下不断增强，长三角正逐步形成互联互通的区域创新生态。

（五）人才流动与服务共享

区域一体化发展离不开人力资源的自由流动和公共服务的共享融合。作为人才高地，上海正与周边城市协同营造一体化的人才市场和就业创业环境。多个地区正制定统一的人才引进、流动、创业政策，建立高校毕业生就业信息共享机制，使各类人才在区域内流动更加便利。针对海外人才，长三角探索外国人工作许可的互认通办，提高对国际高端人才的吸引力。同时，区域内联合举办招聘会和创业大赛，促进人才按照产业布局合理流动。在公共服务方面，上海与周边城市构建跨区域教育、医疗服务合作网络。教育上，通过高校异地办学、名校结对等方式，上海的优质教育资源惠及苏浙皖相关地区。医疗上，上海多家三甲医院通过设立分院、组建医联体等形式输出优质医疗资源，使周边居民就近获取高水平医疗服务，并探索高端医疗人才柔性流动机制，允许上海专家定期赴周边坐诊。各地还联手共建区域健康信息平台，实现医疗档案和医保结算互通。未来，长三角有望建立统一的医疗服务体系和应急救护网络，使区域居民无论身处何地都能获得高品质公共服务。人才的流动为区域创新和产业升级注入了强劲动力，公共服务的共享提升了区域整体的生活品质。上海通过向周边输出人才培养和公共服务管理经验，带动了长三角在人力资源开发和公共服务供给上的协同提升。

辐射效应使上海在区域、国家乃至全球范围内形成了多层次、多领域的影响力，推动了长三角一体化进程，助力全国经济高质量发展，并在全球城市体系中发挥着越来越重要的作用。未来，上海需要继续深化区域合作、优化制度环境、拓展国际合作，以进一步释放辐射效应的潜力，巩固其作为全球领先城市的战略地位。

第六章

强化功能，提升上海"五个中心"
全球竞争力的新探索

在全球格局加速重构的历史进程中，上海以"五个中心"建设为抓手，通过实践形成了涵盖制度创新、开放协同、科技创新等十大领域的系统性经验，为全球城市发展提供了"上海方案"。

一、"五个中心"建设的理论探索

上海以"五个中心"建设为核心全面推动高质量发展，进行了一系列开创性和引领性探索。这些探索涵盖了规则制定、科技创新、金融开放、贸易便利化、区域协同等重要方面，展现了上海在服务国家战略、提升全球资源配置能力、全面深化改革、推动制度型开放等方面的丰富实践和开拓创新。

（一）在服务国家战略发展大局中构建枢纽能级跃升新范式

上海以"五个中心"建设为抓手，在双循环战略中实现全球资源高效配置、科技创新驱动内循环、物流贸易枢纽畅通内外循环，打造消费升级与区域协同发展的强引擎，不断提升上海的枢纽能级。上海在"五个中心"建设中，重新定义了全球化时代枢纽城市的功能内涵，将资源配置能力从传统的物流规模优势提升到了规则制定与价值链治理层面。上海通过地理枢纽、数字枢纽、规则枢纽的升级，从被动承接国际分工的通道城市向主动定义资源配置规则的枢纽治理者转型，其本质是通过制度型开放与技术赋能的双向耦合，突破地域与行业的界限，构建一个以标准输出、数据互联和金融定价权为支柱的新型资源配置体系。在全球化退潮与区域化崛起的大背景下，上海立足枢纽城市发展做了许多范式革新，从以往注重港口吞吐量、航班密度等物理指标转变为更加重视在跨境数据流动、绿色认证、贸易便利化等新兴规则领域掌控话语权。例如，通过参与制定智能航运通信标准、主导区域性碳市场规则，上海将基础设施优势转化为规则制定能力，使国际供应链的运作逻辑逐步向中国标准倾斜。这种转型，不仅使得上海作为国际循环节点的功能得以极大提升，更关键的是使其成为国内国际双循环的战略链接点，通过规则接口的兼容性设计，上海既为国内企业"走出去"提供制度性的坚强护盾，也为"引进来"国际要素构建了风险缓冲机制。

上海也通过枢纽经济的生态化演进，成功地将资源配置从流量聚合提升为价值创造。传统枢纽城市主要依赖过境经济，陷入大进大出、低附加值的路径依赖，而上海则以金融结算、研发设计、数据服务、品牌管理等高附加值环节嵌入全球价值链，形成以规则定义流量、以流量孵化价值的新路径。上海路径的核心思想是，通过构建一个开放创新的制度环境，吸引跨国公司区域性总部、国际组织分支机构等流量控制者集聚，使其实现由物流中转站向全球资源调度决策中枢的转型。

（二）在制度创新先行中构建发展新模式

1. 在抢占创新制高点中锻造策源驱动核心引擎

创新驱动是高质量发展的关键力量。上海积极响应国家科技创新的号召，致力于科技创新策源地建设，全力提升基础研究能力和突破关键核心技术。这不仅符合上海自身的发展需求，也符合国家科技创新的整体布局。

近些年，上海以科技创新为驱动力，通过人工智能、生物医药、集成电路产业等前沿领域的突破，打造高附加值产业集群，有效支持了国内产业结构优化和经济质量提升，激发了价值裂变潜能。在实施创新驱动发展战略、构建科技策源创新网络和培育创新生态等方面，上海做了大量开创新探索。比如，上海在建设科技创新中心过程中，通过整体性改革优化创新生态，推动科技创新从单一技术追赶向复合型价值创造转型。重点打通基础研究、技术开发、产业应用链条中的制度性障碍，建立要素自主整合、持续强化的创新体系，提升在全球关键技术领域的标准制定能力，揭示了后发国家构建创新优势的关键路径，即瞄准国家战略与市场需求的结合点，培育特色化竞争优势。通过优化新型国家创新体系，上海在量子科技、生物医药等重点领域实现国家战略与市场机制的有效衔接，既避免基础研究产业化周期过长的问题，又防止市场短期利益对原始创新的干扰。依托战略引导与市场响应的双轮驱动，上海在部分领域实现从追赶者到并行者再到引领者的跨越。比如，通过提前布局脑机接口、合成生物等颠覆性技术领域，上海正从全球创新网络的参与者转变为部分新兴领域的规则制定者。这些科技创新成就的取得，主要得益于上海以重大任务为牵引构建跨领域协作平台，建立科学家负责技术决策、企业家主导资源配置、政府保障应用场景的生态体系，形成风险共担与利益共享的治理机制。上海高度重视利用众创空间、孵化器、加速器等创新创业载体，加强科技成果孵化转化和创新创业服务，孵化一批初创企业，大力支持企业围绕拳头产品线和核心技术体系，开展收购并购和产业链资源整合，使之成长为行业龙头企业，以科技创新驱动上海经济高质高效发展。这些开创性探索，不仅加快了技术攻关速度，更推动科技创新从解决现存问题向引领未来市场转变。

2. 在突破制度瓶颈中构建金融治理新模式

建设国际金融中心，在上海"五个中心"建设中有着独特的作用。上海以金融制度创新、市场体系完善、国际化推进和监管方式改革为抓手，持续推动金融领域的首创性实践，为国家金融改革提供了重要支撑，为创新金融开放治理模式和实现安全动态平衡做了许多创新探索，较好地解决了新兴国家金融开放中常见的管放两难问题。

上海国际金融中心建设的关键是通过灵活的制度设计和精准监管，将开放挑战转化为体系升级动力，形成风险识别、压力测试到规则更新的闭环管理。这种管理模式，突破传统限制性监管思路，采用功能监管与技术支撑相结合的新模式，实现市场活力激发与风险防控的有效平衡。面对全球金融体系调整，上海实践表明：金融安全的关键不在于严格管制，而在于建立对新型风险的动态应对能力。上海在稳步推进资本账户开放的同时，增强了对高频交易、算法风险等新型挑战的监控能力。这种治理创新推动金融开放从政策优惠驱动转向制度优势驱动，例如在人民币国际化方面，通过离岸市场联动和汇率避险机制创新，将市场波动作为定价能力建设契机，逐步改变国际货币体系对美元的单一依赖。不同于简单对接国际规则的传统路径，上海立足本土市场特点，在绿色金融、金融科技等领域率先建立自主标准体系，推动国际机构调整业务规范。上海这种立足自身需求的开放策略，既提升了我国在全球金融治理中的话语权，又通过差异化的规则设计实现关键领域风险防控，有助于将金融开放从政策工具升维为国家竞争能力，并形成开放自主、风险可控的发展主动权，这将成为我国参与全球金融治理的战略资产。

（三）在高层级对外开放中提升国际影响力

1. 在制度型开放探索中形成风险管控新方案

在我国双循环战略全面实施的大背景下，制度型开放已然成为重构区域与全球竞争优势的关键所在。在新发展格局中，上海积极把握国家战略机遇，全力推进制度型开放，这不仅是上海实现高质量跨越式发展的必然选择，也是其深度融入国家发展大局和建设"五个中心"的重要举措。

上海在探索制度型开放路径，完善风险管控机制，平衡发展、开放与安全关系等方面做了许多开拓性工作。比如，上海在自贸试验区建设中，经过多年实践和探索，形成了试点先行、规则优化、制度推广的渐进开放模式，为国家制度型开放提供可复制的风险控制方案。传统上，开放驱动力基本在政策优惠上做文章，但上海自贸试验区建设则聚焦于规则体系建设，通过对接国际经贸规则的制度改革，在数据跨境流动、知识产权保护等重点领域实现安全突破。具体实践中，临港新片区积极推动物理隔离和数字监管系统，对标 CPTPP、DEPA 等国际规则进行制度试验，建立风险控制机制保障国家经济安全。这些开创性的探索，意味着上海的开放路径被重新定义，不仅构建了更具韧性的开放型经济新体制，更为新发展格局注入制度型开放新动能，促进了开放发展与经济安全的有效平衡。

2. 在推动国际标准对接中打造航运规则新高地

上海以政策突破、数字智能化转型和国际合作为核心，全力拓展国际航运市场，开通至欧洲、美洲、亚洲等各个国家和地区的多条国际航线，提高上海港的全球连通性和影响力。更为重要的是，上海在国际航运中心建设中突破传统港口发展模式，通过推动技术规范与绿色标准制定，优化了全球航运的管理体系和规则标准，实现从效率比拼到规则竞争的战略跃升。

借助数字化与碳中和双重转型，改变航运业价值生成方式是上海建设国际航运中心的又一重要探索。在技术层面，智能船舶、区块链单证等创新应用打破行业信息壁垒，使上海成为全球航运数据枢纽；在环保层面，碳排放定价与清洁燃料标准的前沿实践，将生态成本转化为行业新规，推动国际运营标准升级。这为上海在全球化新阶段的发展提供突破路径：通过制定技术标准与环境规范，将基础设施优势转化为规则制定权，进而掌控产业链核心环节的利润分配。在航运保险、航运金融等领域，上海还积极探索发展了创新型航运保险产品。积极支持航运交易所与数据交易等专业平台合作，探索新型要素交易服务，巩固放大了集装箱运价指数期货产品的影响力和话语权。这些开创性的探索，帮助上海国际航运中心建设实现设施能力、规则体系、网络辐射的良性互动和多维赋能，以港口效率提升促进航线集聚，航线网络扩展又增强规则影响力，极大提升了上海航运业在全球航运业地位，使其逐渐成为全球航运业的引领者。

3. 在深度参与全球治理中提升规则创制主导权

上海作为经济体量最大且开放度很高的特大城市，在参与全球治理规则创制和提升城市国际影响力等方面有着先行先试的重要使命。上海依赖国家的大力支持和自身综合实力，着力培育发展了一批世界级的"上海总部""上海平台""上海价格""上海指数""上海标准"，显著提升了上海在全球经济治理中的制度性话语权和影响力。

上海在国际事务中尝试建立"城市主体性全球治理"新模式，将地方实践升华为国际规则体系的有机组成部分。通过构建主场外交平台、国际组织集聚、本土规则输出的三位一体机制，上海成为国家参与全球治理的战略支点，其本质是通过城市能级与国际影响力的相互赋能，突破传统国际关系中国家与国际组织的二元结构。一是通过世界人工智能大会、进博会等平台吸引联合国机构、跨国企业深度参与，形成规则磋商的非正式网络。二是在智能航运、数据跨境等领域形成的"上海标准"，通过国际组织认可逐步转化为区域性乃至全球性规范。通过这些实践，上海探索了超大城市参与全球治理的独特路径，即以技术标准为切入点，以城市问题为试验场，将本地解决方案转化为普适性规则框架，并构建了技术优势、规则话语权、治理影响力的传导链条，在相关国际标准制定中获得定义权，进而影响全球产业链治理规则，全面提升上海的国际影响力。

（四）在推动产业转型升级过程中锻造核心竞争新优势

1. 在培育发展新动能中建设产业新体系

上海通过培育新质生产力，为经济高质量发展和"五个中心"建设提供了关键动力。在将传统生产要素与现代技术要素深度融合，构建以效率、可持续性和创新为核心的新质生产力系统等方面，上海做了许多开创性探索，积累了丰富经验。一是上海通过技术赋能与制度创新的双向驱动，突破传统生产力的增长瓶颈，逐渐形成了以知识、技术和数据为核心的生产力升级路径。在产业升级方面，上海聚焦集成电路、生物医药、人工智能等先导产业，开辟数字经济、绿色低碳、智能终端等新赛道，推动现代化产业体系建设，显著提升了制造业和服务业效率与附加值。在金融领域，上海通过金融科技的应用，推动金融服务智能化、精准化，提升风险管理能力，为经济高质量发展提供了有力支撑。在贸易与航运领域，上海通过智慧化、数字化手段优化口岸效率，打造全球领先的数字孪生港口，推动航运业向高端化、智能化转型。二是上海以科技创新为引领，构建技术研发、产业应用、市场反馈的闭环生态系统，将技术突破转化为经济价值，形成了技术引领、产业升级、经济增长的正向循环。通过新质生产力的培育，上海不仅重构了经济增长的底层逻辑，还为全球城市提供了生产力与产业结构升级的经验借鉴，为"五个中心"建设注入了可持续的动力源泉。

2. 在践行新发展理念中开辟绿色转型新路径

立足超大城市发展阶段特征，上海坚持走可持续发展道路，通过革新绿色转型路径，提供经济增长新范式，为建设"五个中心"奠定基础。上海在可持续发展中重新定位了绿色转型与经济增长的关系，把环保要求转化为产业升级的发展机会，通过制度创新与技术突破双轮驱动，建立低碳规则、绿色金融、产业升级的联动机制。上海将碳中和目标融入城市功能更新全过程，让绿色标准成为提升产业竞争力的关键因素。具体实践中，碳市场与绿色金融工具的创新显性化环境成本，推动传统制造业向高技术、高附加值领域转型；氢能船舶、零碳园区等实际应用场景为新技术提供商业化测试平台，加快绿色技术从研发到产业的转化。上海的实践为后工业化城市解决环保与增长矛盾提供了方案，即通过整合能源、交通、建筑等领域的智能管理系统，将分散减排转化为整体效率提升，使绿色转型成为全要素生产率增长的新动力，形成标准引领、技术突破、市场拓展的良性循环。

（五）在加强区域协同中提升国际大都市的核心价值

1. 在破解行政藩篱中打造区域协同治理样板

实现区域协同发展与科学治理，引领区域增长，是上海建设"五个中心"义不容辞的责任与担当。以上海为核心的长三角城市群在人才资源、贸易结构、产业链和科技创新等方面具有互补性，上海充分利用了这种互补性来壮大自身经济实力，使之成为建设国际经济中心的关键支撑力量。

上海在长三角一体化进程中，通过重构区域协同发展逻辑，推动传统以行政区划为主导的经济模式向治理共同体升级。以制度创新破解地方政府间竞争与合作的矛盾，建立成本共担、利益共享的可持续机制，将区域协作从政策协调深化为实质性利益融合。通过产业链跨省布局与税收分成机制，打破行政壁垒，构建长三角研发、制造、服务功能分工体系；同时运用生态补偿、数据共享等治理工具，推动交通、环保等公共事务从零和博弈转向多方共赢。上海作为超大城市引领区域发展，走出了一条辐射带动、共生共赢的新路径，以规则创新替代资源虹吸，通过输出制度经验（如 G60 科创走廊联席会议机制），实现自身功能升级与区域竞争力提升的深度联结。该协同机制的核心在于构建能力辐射与网络反哺的双向循环：上海为周边提供创新策源与规则标准，腹地城市以专业化配套增强上海全球资源配置能力，推动区域一体化从基础设施联通迈向治理体系革新，培育跨行政边界的协同发展共同体。

2. 在引领消费升级中构建文化价值输出体系

上海在国际消费中心建设中，建立了全球资源对接与本土价值提升的联动机制，将消费升级从市场调整升级为文化影响力的建构。突破传统进口商品集散模式，通过制度创新与场景重塑，推动上海成为全球消费趋势的引领者与本土文化的传播中心。上海依托国际消费中心和大宗商品市场的建设，通过构建"上海价格"体系和国际品牌首发机制，提升中国在全球消费市场和商品定价中的话语权。依托国际规则衔接与数字化赋能，上海将跨境贸易便利化转化为消费创新的基础支撑。进博会展品变商品的机制缩短国际品牌进入中国市场的周期，使其成为全球新品首发的重要平台；同时推进老字号数字化转型和国潮品牌培育，将传统文化融入现代消费场景，形成独特的价值体系；推出"首发上海 3.0 版"政策，从展会支持、通关便利、财政激励等多个维度加大扶持力度，吸引更多国内外品牌选择上海作为全球首发首选地。上海的这些探索不仅是单纯的消费升级和生活品质提升，更带动了生活方式的革新和文化认同的建构。

二、以"五个中心"建设推进经济高质量发展的理论基础与政策支撑

上海建设"五个中心"，需遵循党建引领与国家战略统筹的基本原则，并以科学理论为坚实依据。基于此，本书着力探寻上海以"五个中心"建设引领经济高质量发展的理论基石，通过分析中央与地方政策演进，构建多维度的学术支撑体系，为后续创新性思路的提出夯实学理基础，为推动上海"五个中心"建设迈向新高度提供有力的理论支撑。

（一）以"五个中心"建设推进经济高质量发展的理论基础

上海以"五个中心"建设引领经济高质量发展的理论体系涉及区域经济增长、全球化发展、创新驱动、城市功能优化、可持续发展及制度创新等核心维度。本书聚焦强化"四大功能"与推进"五个中心"建设的实践需求，依托全要素生产率增长理论与"核心—边缘"理论，系统阐述功能强化与中心建设之间的理论逻辑，呈现两者相互促进、协同发展的内在联系。

1. 强功能驱动全要素生产率提升："五个中心"建设的理论逻辑

全要素生产率作为经济增长质量的核心指标，反映了一国或地区突

破资源约束、实现创新驱动的能力。[1]党的二十大报告强调，"推动经济实现质的有效提升和量的合理增长"[2]，其核心要义便是借助结构性改革提升全要素生产率，以此达成创新驱动发展与资源高效配置的目标。上海着力推进的"五个中心"建设，本质上是城市系统性的功能升级工程，其理论基础在于："强功能"所体现的专业化、协同化演进路径，不仅能直接对技术进步、生产效率提升和管理优化产生积极作用，更通过重构生产要素组合方式实现全要素生产率跃升。下文从全要素生产率增长机制出发，剖析"强功能"推动"五个中心"建设的内在机制。

（1）强功能提升全要素生产率的理论机制

在经典增长理论体系中，新古典经济增长理论奠基人索洛将全要素生产率界定为技术进步对经济增长的边际贡献，其"余值"测算方法为现代增长核算奠定了基础。内生增长理论则通过其开创者罗默的知识溢出模型，以及宏观经济学家卢卡斯的人力资本理论等重要创新，揭示了制度创新与功能升级通过重构生产函数形态，实现要素配置效率的内生性提升。上海"五个中心"建设的战略定位——涵盖全球资源配置、科技创新策源、高端产业引领、国际开放枢纽四大核心功能——深度契合现代经济增长理论框架，其政策实践聚焦破解两大核心命题：一是通过制度型开放破除要素流动壁垒，二是依托创新生态构建突破技术扩散瓶颈。

强功能驱动全要素生产率（TFP）增长的作用机制可通过三重路径得以阐释：首先，依托专业化功能平台建设能够有效降低制度性交

---

[1] 刘维林、刘秉镰：《新时代以提升全要素生产率促进高质量发展的路径选择》，《改革》2022年第11期。

[2] 习近平：《高举中国特色社会主义伟大旗帜　为全面建设社会主义现代化国家而团结奋斗——在中国共产党第二十次全国代表大会上的报告》，《人民日报》2022年10月26日。

易成本，典型如上海国际航运中心通过智能物流系统优化港口货物周转效率；其次，通过要素重组与配置优化创造增量价值，如陆家嘴金融城跨境投融资平台显著缩短资本周转周期；最后，高能级、功能性的平台建设催生出新型生产要素，张江科学城蛋白质结构数据库的建设即形成了具有战略价值的数据资产。这种功能强化过程本质上是通过重构"要素—效率—产出"关系链，构建起全要素生产率持续提升的内生动力机制，既符合新结构经济学关于要素禀赋动态升级的理论逻辑，也为上海建设"五个中心"提供了核心增长动能。

（2）全要素生产率分解视角下的中心建设

依据乔根森和格瑞里茨的 TFP 分解模型，全要素生产率可以分解为技术进步、配置效率与规模效应三部分，这一理论框架为"五个中心"建设提供了差异化改革路径。上海通过国际科创中心强化技术进步动能，依托金融、航运、贸易中心提升要素配置效率，借助国际经济中心构建规模经济优势，形成"三维驱动"的 TFP 增长格局。

技术进步主要通过国际科创中心建设实现。新熊彼特理论强调，知识生产的正外部性需要通过制度设计内化为增长动能。上海科创中心聚焦"0 到 1"原始创新，积极布局大科学装置建设，如上海同步辐射光源等重大科研基础设施，通过基础研究突破推动生产可能性边界向前移动。从实际成果来看，截至 2023 年，全国现有的 102 家"AI+ 医药"研发企业中，有 30 家在张江科学城，约占全国的 30%。全国"AI+ 医药"产品在临床前研究阶段和临床试验阶段的项目分别有 76 项和 30 项，其中张江科学城分别有 34 项和 15 项，在全国占比分别为 45% 和 50%。[1] 这些数据充分展现出上海国际科创中心建设

---

[1] 数据来源：《先行者｜"张江十日"系列报道：AI 新药"朋友圈"》，澎湃新闻，2023 年 12 月 12 日。

在推动技术创新与产业发展方面的显著成效，诠释了"强功能—强技术—强TFP"传导链。这种"创造性毁灭"过程突破传统技术边际收益递减瓶颈，推动生产可能性边界外移，最终实现TFP的结构性跃迁。

配置效率提升通过国际金融、航运、贸易中心建设实现。新制度经济学认为，要素配置效率取决于市场制度完备度。上海三大中心构成资源配置的"三角支柱"：国际金融中心通过科创板注册制改革、利率市场化试点，形成资本流动的"价格发现—风险定价—资源导引"闭环；国际航运中心依托洋山港"智慧港口"系统，优化全球供应链时空配置；国际贸易中心跨境电商综合试验区实现通关无纸化，降低制度性交易成本。

规模效应通过国际经济中心建设实现。新经济地理学指出，规模经济本质是通过要素集聚实现边际成本递减。上海国际经济中心建设通过要素空间集聚，形成三大规模效应：技术规模经济、市场规模经济、网络规模经济。技术规模经济是指知识溢出与创新乘数效应。上海作为全球研发网络节点，根据《2024年上海市国民经济和社会发展统计公报》，2024年上海研发经费投入强度达4.41%，每万人发明专利拥有量60.9件。通过"研发—转化—产业化"创新链建设，实现基础研究成果向应用技术转化的乘数效应。市场规模经济是指需求升级与产业协同效应，本质是消费者多样化偏好与企业规模生产之间的动态平衡。上海拥有由2400万常住人口构成的终端消费市场，叠加长三角1.6亿人口的支撑，形成"本地市场效应"。网络规模经济是指节点连通与协同治理效应。复杂网络理论表明，城市节点的价值与其连接数量呈指数级增长。上海依托全球城市网络枢纽地位形成"研发在上海、制造在长三角、服务在全球"的协同网络。跨国公司地区总部通过全球资源调配系统，实现供应链响应速度快速提升，验证了网络规模经济的非线性增长特征。

（3）强功能驱动"五个中心"协同的理论逻辑

上海"五个中心"建设的战略创新在于突破传统要素驱动增长模式，构建"强技术—优配置—聚规模—促协同"的TFP提升闭环。依据新结构经济学理论框架，通过功能性改革推动要素禀赋结构升级，在技术创新、制度优化与空间集聚的动态平衡中实现经济发展质量变革。这种实践不仅是发展经济学理论的本土化创新，更是全球化重构背景下超大城市转型的范式突破，为破解"规模报酬递减"难题提供了中国方案。

从系统论视角审视，"五个中心"建设构成"TFP提升网络"：科创中心作为原始创新策源地形成技术辐射极，金融中心构建资本要素传导通道，航运中心和贸易中心搭建全球资源配置网络，经济中心提供规模经济载体。强功能的本质是通过深度专业化激发系统协同效应：形成"技术—资本"双螺旋驱动、"物流—贸易"共振、"规模—创新"正反馈。这种协同创新突破了传统增长理论中要素替代的线性思维，构建"功能强化—系统耦合—非线性增值"的全要素生产率提升新范式。

2. 强功能驱动城市发展模式转型："五个中心"建设的战略选择

自2014年习近平总书记作出上海要建设国际经济、金融、贸易、航运和科技创新"五个中心"的战略部署，这一目标成为上海落实国家战略、参与全球竞争的关键所在。面对全球产业链韧性重构与"技术—制度"双重锁定效应，本书依据"核心—边缘"理论，构建"结构性重塑—新动能转换—系统性跃迁"三维战略框架，回答在中国式现代化进程不断加快以及全球化格局重新构建的大环境下，怎样借助理论创新推动"五个中心"能级提升的问题。

（1）"核心—边缘"理论的实践创新：全球城市功能能级跃迁机制

"核心—边缘"理论揭示，区域经济发展的非均衡性源于规模经济、运输成本与循环累积因果效应的三重作用——核心区通过集聚效应吸引要素流入，而边缘区受制于知识扩散壁垒面临"锁定效应"。新贸易理论和新经济地理学开创者克鲁格曼进一步指出，突破传统二元结构需重构要素流动的拓扑规则，即从"地理邻近性集聚"转向"战略耦合性匹配"。[1] 从全球城市发展理论演进视角审视，上海"五个中心"建设需突破"核心—边缘"模型的传统空间集聚逻辑，构建"创新链—价值链—供应链"三链融合的全球城市功能体系。这种定位既延续了世界城市理论对高端要素配置能力的强调，又契合全球生产网络理论关于价值创造节点重构的最新发展。后疫情时代全球产业链呈现"近岸外包＋弹性枢纽"特征，要求中心城市从规模扩张转向功能升级，本质是从传统的要素极化转向知识扩散引力场构建。

基于演化经济地理学的"路径创造"理论突破了传统路径依赖的理论假设，强调资源配置的异质性关联与技术机会窗口的交互作用。因此，"五个中心"的功能升级本质是制度创新引致的经济系统突变过程。以航运中心转型为例，其发展逻辑从传统港口的吞吐量同质竞争转向供应链金融、数字贸易规则等服务业态创新，通过构建航运仲裁院、电子提单标准等新兴制度，重塑区域产业生态系统，印证了制

---

[1] 何雄浪：《专业化产业集聚、要素流动与区域工业化——克鲁格曼中心—外围模型新发展》，《财经研究》2007年第2期。

度经济学关于"制度质量决定要素租金"的核心命题。这种功能跃迁通过构建"制度创新—要素重组—效率提升"的传导机制，打破了对传统路径的依赖。

（2）功能模块的差异化突破路径：制度经济学视角下的分中心建设策略

国际科技创新的知识溢出效应：基于罗默内生增长理论的演化路径，科创中心的知识扩散遵循"核心—边缘"理论的空间再结构化逻辑。张江科学城作为核心区，通过技术关联与认知邻近性形成知识溢出引力场，其集成电路与生物医药产业的差异化创新组合有效破解区域锁定效应。然而过度的政策驱动性资本注入可能扭曲市场选择机制，导致知识生产网络形成刚性路径依赖，需通过构建"知识孵化—技术跃迁—市场适配"的三阶传导模块，推动创新系统从行政指令模式转向生态自组织范式。

国际金融中心的能级提升：根据金融深化理论与制度质量理论的耦合框架，上海国际金融中心建设需突破"价格管制—市场分割"的传统困境。跨境金融创新试点本质是通过制度型开放与市场化机制创新，构建跨境资本高效配置的"政策试验场"，核心在于突破传统跨境金融管制的制度性壁垒，在非对称信息环境中建立动态规制体系。这种制度质量提升有效优化金融要素的空间配置效率，其理论意义在于验证制度弹性对全球资本网络节点位势的重构作用。

国际航运中心的数字化转型：演化经济地理学视角下，航运中心能级跃迁是技术经济范式的非线性转换过程。洋山港智慧化转型并非简单的技术效率提升，而是通过数字孪生技术重构海运网络的拓扑结构，将物理港口的"地理核心"属性拓展为数字贸易规则的"制度接口"优势。区块链技术的产业适配不仅是流程优化，更是对全球海运治理权竞争的战略响应，体现了路径创造理论的核心关切。

国际经济中心的空间重构：基于克鲁格曼"核心—边缘"模型的现代演绎，上海国际经济中心需突破传统空间集聚的二维框架，构建知识流动、制度优势与数字基建的三维空间矩阵。其本质是通过战略耦合重构全球生产网络中的权力拓扑结构，使物理空间集聚效应升级为规则制定权与标准输出能力的网络中心性，形成从规模经济到范围经济的功能跃迁。

国际贸易中心的制度创新：演化经济地理学的制度转向框架下，国际贸易中心建设对应着三重路径突破。其一，通过跨境电商"单一窗口"等制度试验，破解贸易网络中的信息不对称困境；其二，依托数字贸易规则创新建构新型战略界面，突破传统比较优势的路径依赖；其三，演化出"制度质量—交易费用—网络韧性"的动态适配机制，使贸易枢纽功能从通关便利量变升级为全球价值链治理质变。

（3）要素协同驱动的空间乘数效应

依据"中心—外围"模型，上海"五个中心"建设应突破行政区划限制，在长三角一体化框架下构建"功能互补—要素联动—效率倍增"的协同网络。这种空间组织模式遵循演化经济地理学的路径创造理论，通过制度创新打破传统路径依赖。基础设施互联互通（如沪苏通铁路货运能力提升）本质是要素流动成本降低引致的空间乘数效应显现，符合新经济地理学关于"运输成本与集聚经济"的核心命题，即区域经济非均衡发展的深层动力源于规模报酬递增与运输成本的动态博弈。

按照新经济地理学的"中心—外围"模型，上海"五个中心"建设应跳出行政区划限制，在长三角一体化框架下构建功能互补网络。以医药产业为例，在长三角协同发展的战略导向下，基本形成以上海为核心，江苏、浙江为两翼的生物医药创新资源最集中、产业氛围最浓厚的集群化发展先导区，"研发—制造—枢纽"的梯度分工体系印证全球生产网络理论中价值链条的空间重构逻辑。2023年沪苏通铁路货运量同比增长42%，印证了基础设施互联产生的空间重构效应。

在百年变局加速演进的背景下，上海"五个中心"建设亟须以新发展理念为引领，构建"要素协同—功能辐射—全球链接"的理论框架。依据全球城市网络理论，通过制度型开放（如区域全面经济伙伴关系协定规则对接）强化国际贸易中心的价值链治理能力，依托金融中心的资本配置功能形成"技术—资本"双螺旋驱动，构建"上海核心—区域节点—全球网络"的三级功能体系，实现从"要素聚集型"向"功能辐射型"的跨越式发展，为中国式现代化提供全球城市发展的理论样本。

（二）以"五个中心"建设推进经济高质量发展的政策支撑

"五个中心"是以习近平同志为核心的党中央对上海城市的总体定位。2023年10月，中央政治局常委会会议审议通过《关于支持上海加快"五个中心"建设的意见》。[1]只有深化"五个中心"建设，上海的发展才能握紧拳头，强化战略引领，更好发挥龙头带动作用。上海要把深化改革开放作为主要路径，紧密结合落实中央支持上海发展的一系列重要文件，增强改革自觉，强化改革担当，形成改革合力，放大改革效应，更好对接国际高标准经贸规则，参与国际合作发展。

1. 国家层面强化重大政策靠前发力

国家层面全方位支持上海"五个中心"建设，通过制度创新、产

---

[1] 上海市习近平新时代中国特色社会主义思想研究中心：《加快建设"五个中心"是党中央赋予上海的重要使命》，《红旗文稿》2024年第1期。

业升级与开放深化等政策组合拳，推动上海在全球经济格局中发挥战略枢纽作用。上海持续强化制度型开放，探索首创性政策，依托长三角一体化战略打造"中心之城"，为中国参与国际竞争提供战略支点。

（1）支持"东方枢纽"建设，打造制度开放新高地

2024 年 2 月，国务院批复《上海东方枢纽国际商务合作区建设总体方案》，该方案旨在打造制度型开放新高地，通过叠加综合保税区、海关监管区等政策，推动货物贸易与服务贸易融合，是上海深化改革开放、提升全球资源配置能力的重要举措。

该合作区通过整合区位优势、政策创新和功能叠加，为上海"五个中心"建设提供多维支撑。发挥综合效应协同赋能与全球竞争力。第一，政策叠加优势，与临港新片区、自贸试验区等联动，形成"政策试验田—功能拓展区—全球网络"的开放链条。第二，城市功能升级，通过商务合作区建设，推动上海从"单点开放"向"全域开放"演进，增强城市综合服务能级。第三，树立全球标杆，为中国参与国际规则制定提供实践样本，助力构建新发展格局。

强化全球资源配置能力，依托东方枢纽的区位优势，打造"空铁一体"的国际商务合作区，吸引跨国企业总部、功能性机构集聚，形成全球供应链管理核心节点。贸易与投资便利化，允许国际商务旅客 30 天免签停留，并支持延期申请。试点更高水平的跨境资金流动、数据流通、人员往来便利化政策，推动货物和服务贸易深度融合，吸引国际资本和技术密集型产业落地。产业链升级，通过高端制造业与现代服务业联动，推动上海从"全球工厂"向"全球价值链枢纽"转型。促进开放协同创新，优化外籍人才签证、居留和执业便利政策，建立国际人才社区，形成"类海外"创新环境。增强知识产权保护，

对接国际高标准知识产权规则，完善跨境争议解决机制，增强对全球科创资源的吸引力。

（2）推进长三角一体化发展战略，迈出资源叠加新步伐

2019 年 12 月，国务院印发《长江三角洲区域一体化发展规划纲要》，推动长三角区域协同，支持上海与苏浙皖共建科技创新共同体，推进沪苏湖高铁、新能源汽车充换电设施一张网等项目，强化"五个中心"的辐射效应。2024 年 1 月，《长三角一体化示范区重大建设项目三年行动计划（2024—2026）》发布，重点聚焦先行启动区，重点关注跨区域、跨流域、战略性产业集群等项目；同时围绕示范区建设发展新阶段新要求，更加强调项目成熟度，更加突出高能级、牵引性项目的落地，加快提升示范区集聚度和显示度；进一步完善重大项目联合保障机制，进一步强化三省一市三级八方的项目资金、土地等要素保障力度，同时加强向上争取，为项目建设赋能，进一步调动项目实施主体积极性。

《长江三角洲区域一体化发展规划纲要》通过区域协同、政策创新、资源整合等多方面举措，为上海"五个中心"建设提供重要支撑。第一，区域金融协同，长三角一体化推动金融市场互联互通，例如通过信用长三角平台整合区域信用信息，提升金融资源配置效率，助力上海强化全球金融枢纽功能。第二，港口与物流一体化，上海洋山港与长三角 11 个港口实现"联动接卸"模式，降低物流成本；浦东国际机场四期扩建和"东方枢纽"建设，增强国际航运门户功能，提升长三角港航一体化水平。第三，科创走廊与联合体，长三角 G60 科创走廊串联九城，促进集成电路、人工智能等产业集群发展；沪苏浙皖共建创新联合体，推动"科研—产业"协同，增强上海在量子信息、大科学装置等领域的策源能力。第四，省通办与政策协同，政务

服务实现"一网通办"，异地就医结算、户籍变更等便利措施吸引人才集聚；三年协同立法计划推动区域规则统一，破除行政壁垒。

2. 市级层面政策"组合拳"持续推进

上海以"五个中心"为轴心，通过系统性布局和政策创新，推动城市能级跃升，为建成世界级国际大都市奠定基石。

（1）支持上市公司并购重组，充分激发市场活力

2024 年 12 月，上海市政府印发《上海市支持上市公司并购重组行动方案（2025—2027 年）》，以并购重组推动产业链强链补链，目标到 2027 年培育 10 家具有国际竞争力的上市公司，激活 3000 亿元并购交易规模，重点支持集成电路、生物医药等领域。第一，强化科创中心建设，推动核心技术并购，支持集成电路、生物医药、人工智能等先导产业上市公司并购未盈利但具备关键技术能力的资产。计划在集成电路、生物医药等重点领域培育 10 家具有国际竞争力的企业，激活总资产超 2 万亿元，形成技术转化和产业化的核心力量。第二，发展并购金融工具，设立 100 亿元集成电路和生物医药产业并购基金，鼓励政府投资基金以多种方式参与，并通过 CVC 基金快速通道支持产业链整合。第三，政策协同机制，建立跨部门协作机制，将重大并购项目纳入"五个中心"建设协作框架，强化用地、人才等配套保障。

（2）促进对外开放能级提升，开拓广阔出海市场

2024 年 2 月施行《上海市推进国际贸易中心建设条例》，通过优化贸易结构、深化制度创新和强化多中心联动，为上海"五个中心"建设提供系统性支撑。第一，技术贸易与创新链融合，该条例明确支持技术进出口交易平台建设，如中国（上海）国际技术进出口交易会，促进先进技术引进和产业化技术出口。通过强化科创成果的贸易转化，推动集成电路、生物医药等先导产业技术突破，直接服务于科

创中心的技术策源功能。第二，大宗商品定价权强化，推动全国性大宗商品仓单登记中心和场外衍生品交易平台建设，提升大宗商品价格指数国际影响力，助力金融中心形成全球定价能力。第三，对接国际高标准规则，全面对接 CPTPP 等国际经贸规则，在数据跨境流动、绿色贸易等领域先行先试，为"五个中心"整体制度创新提供试验田。2025 年 1 月，《上海市推进国际航运中心建设条例》发布，强化航运数字化和智能化转型，推动上海港集装箱吞吐量连续 15 年全球第一，优化国际中转和口岸服务，提升航运资源配置能力。枢纽升级，共建辐射全球的航运枢纽，建设世界一流港口和复合型国际航空枢纽，优化集疏运体系，推动多式联运。

（3）聚焦重点产业靶向发力，实现高水平科技自立自强

2025 年 1 月，《上海市重大工程投资计划（2025 年）》发布，安排 2400 亿元投资，聚焦科创产业、基础设施、民生等领域，支撑"五个中心"建设，如推进低空经济、人工智能、6G 等前沿领域项目。

3. 专项政策与行动计划重点突破

（1）"模塑申城"强势崛起，下好创新"先手棋"

2024 年 12 月，上海市政府办公厅印发《人工智能"模塑申城"实施方案》，通过强化人工智能技术底座、打造关键生产力工具、推动重点领域应用，助力上海"五个中心"建设。目标到 2025 年底建成世界级人工智能产业生态，推动"模速空间"等创新社区发展，集聚 255 家大模型企业。第一，基础研发支撑，打造自主智算集群（100EFLOPS 算力目标）与语料供给体系，建设大模型创新加速孵化器，推动科学智能平台工具链研发，支持生命科学、集成电路等领域的 AI 交叉研究。第二，在线新经济赋能，孵化智能搜索、内容创作等高价值应用，鼓励大模型优化跨境电商、智能营销等场景，支持

"丝路电商"等贸易载体建设。第三，配套支撑算力与数据基础，建设自主智算芯片和语料公共服务平台，降低算力成本，保障技术底座自主可控。政策协同，通过行业揭榜挂帅、语料共享机制等政策，加速技术与场景融合。

（2）布局脑机接口革新之路，技术与产业双破局

2025年1月，《上海市脑机接口未来产业培育行动方案（2025—2030年）》发布，通过聚焦医疗级场景与前沿技术融合，强化产业链自主可控能力，推动脑机接口技术与人工智能、机器人等产业协同发展。规划脑机接口技术发展路径，目标2027年前实现高质量脑控技术突破。第一，核心技术研发，重点突破侵入式、半侵入式脑机接口技术，开展柔性电极、神经信号芯片等关键材料研发，推动脑机接口与具身智能、人工智能技术融合，形成全球领先的原始创新能力。第二，产业链自主可控，加快脑机接口上游材料（如植入式硅胶、电池）、中游芯片与算法、下游终端产品（如康复机器人、义肢假体）的国产化布局，形成千亿级战略性新兴产业集群。第三，企业引育与集聚，目标至2027年引育5家核心技术创新企业、10家产业链骨干企业，2030年前形成国家级产业集聚区，培育具有全球影响力的头部企业。第四，高附加值产品贸易，推动脑机接口医疗器械（如视觉重建设备、神经疾病治疗产品）出口，打造"上海智造"品牌，服务"一带一路"医疗健康合作。

（3）打造科技创新共同体，攻坚"硬科技"共建"智造极"

2023年4月，上海市科委联合浙江、江苏和安徽科学技术厅发布《长三角科技创新共同体联合攻关计划实施办法》。2024年7月，长三角区域合作办公室发布《长三角地区一体化发展三年行动计划（2024—2026年）》。通过跨区域协同创新与产业联动，从技术突破、

制度创新、产业升级等多维度助力上海"五个中心"建设。第一，联合攻关计划，聚焦集成电路、人工智能、生物医药等领域的2—3年可突破技术，通过"揭榜挂帅""创新联合体"等模式整合长三角科研资源（如复旦大学、之江实验室等），加速基础研发和成果转化。例如，C919大飞机关键材料"陶铝型材"由上海交大研发、安徽淮北产业化，实现沪皖协同创新。第二，制度创新示范，联合攻关计划实现"统一发布、统一规则、统一管理"，探索跨省域高新技术开发区，为上海制度型开放提供经验。第三，协同效应总结，"技术—产业"联动，联合攻关计划解决"卡脖子"技术，推动技术产业化，形成"研发在上海、转化在长三角"的协同格局。"政策—资本"协同，通过专项基金、科创券等工具，引导长三角资金、人才向上海科创中心集聚，强化全球资源配置能力。"区域—全球"联动，依托长三角技术交易网络，加速上海科技成果国际化应用。

三、以"五个中心"建设强化"四大功能"

在推动城市发展的进程中，上海凭借"五个中心"建设，为经济高质量发展注入强劲动力，在经济规模与产业结构优化上成果斐然，提升了全球经济影响力与竞争力。而如今，站在新的发展起点，以"五个中心"建设强化"四大功能"的新思路，是对过往发展经验的传承与升华。这一转变并非简单的方向调整，而是顺应时代发展，为上海经济迈向更高质量、更具韧性的新阶段，开辟了全新路径，进一步赋能上海在服务国家战略中发挥更关键的作用。

（一）上海提升资源配置引领力的新思路

一个城市全球资源配置功能大致从以下三个维度进行考察：一是

资源配置范围是否够大，该城市能在多大范围内吸引、集聚、整合和配置高端生产要素资源，包括资金、技术、信息、人才、数据等，建构对高端要素的向心力、吸附力、影响力和控制力；二是资源配置方式是否够先进，一般认为一个城市应该尽可能使用更多市场力量而不是行政干预的方式配置资源，通过营造良好的制度环境、政策环境、开放环境和营商环境突破制度性瓶颈，建设具有全球集聚度、辐射力和影响力的要素市场，有效引导要素流向产业链、供应链、价值链的关键环节；三是配置主体能否协同发力，各类市场平台、功能性机构能否在参与要素资源配置过程中发挥应有的作用。[1]"五个中心"的协同建设是实现上海全球资源配置功能的关键。各个中心之间相辅相成、互为支撑，形成合力，共同推动上海的高质量发展。

1. **提升资源配置引领力的关键："五个中心"协同构建全球资源配置体系**

（1）在国际经济中心建设中深化要素市场化改革

要素市场是配置全球高端资源的重要载体。党的二十届三中全会提出：完善要素市场制度和规则，推动生产要素畅通流动、各类资源高效配置、市场潜力充分释放。深化要素市场化改革是推动上海强化全球资源配置功能的重要举措，包括土地、劳动力、资本、技术等要素的自由流动和有效配置。第一，"松绑"要素自由流动的相关限制，从制度层面限制地方政府对要素市场化配置的过度干预。第二，确保要素价格能够真实反映资源的稀缺性及市场供需关系，进一步降低市场的制度性成本，缓解要素价格市场化与市场潜力释放之间可能存在的矛盾。第三，需采取差异化的策略推进市场化改革，运用"调放结

---

[1] 潘闻闻：《加快提高要素市场国际化程度，强化上海全球资源配置功能》，《科学发展》2021年第5期。

合"的思路来完善要素市场的制度与规则，既要合理设计由政府主导的"构建制度"，又要充分尊重市场自发形成的"演化制度"。上海已在2022年打造公共资源"一网交易"，提出公共资源交易的三个统一：统一制度体系、统一市场体系、统一管理体系。[1]这是上海创新配置资源方式、推进城市数字化转型的重要举措。由此推动公共资源交易从分散到集中、规则从分立到统一、信息从分割到共享、系统从分设到联通、市场从分隔到联动。

（2）在国际贸易中心建设中优化全球资源配置结构

上海的国际贸易中心建设不仅促进商品与服务的自由流通，更是实现全球资源高效配置的重要手段，通过进口资源并进行高附加值生产再出口，形成全球资源的合理配置利用与经济良性循环。一方面，多元化开拓市场，鼓励企业开拓新兴市场，减少对单一市场的依赖，提升资源配置的灵活性和稳定性。同时，提升出口产品质量，鼓励企业向高附加值和高技术含量产品转型，增强国际竞争力。另一方面，发展现代物流体系，建设国际贸易平台。投资建设现代化的物流中心和运输网络，利用大数据和人工智能技术，实现资源的高效流动。通过政策创新和制度改革，降低贸易壁垒，简化通关程序，吸引更多国际企业参与。

（3）在国际航运中心建设中优化全球供应链集成与整合

上海作为国际航运中心，不仅是全球物流与货物运输的重要节点，也是高端产业全球供应链的重要一环。国际航运中心作为一个桥梁和纽带，促进供应链上各个环节和参与者之间的沟通和合作，实现全球范围内的资源优化配置。2024年9月，由上海市交通委和上港

---

[1] 谢卫群：《上海市推动要素市场化配置改革》，《人民日报》2023年5月26日。

集团共同打造的国际集装箱运输服务平台（集运 MaaS）已正式上线，成功构建了横跨 9 省 40 市的海铁联运物流信息网络，破解了困扰行业的跨主体、跨部门、跨地区数据共享难题，形成以港口服务为核心的统一公共服务平台。[1]上海将继续以吸引、整合和保障全球产业链顺畅运行的关键航运和海事产业要素为手段，以形成和提升海事产业国际影响力和控制力为目的。作为中国全球产业链、供应链布局中的关键枢纽，国际航运中心的建设思路势必以顺应、保障、服务这一布局为核心。一要加强国际协作，一视同仁支持各种所有制航运发展，鼓励航运企业与物流企业联合重组。二要完善航运枢纽网络，放开高峰时段对航运的时刻限制。三要健全航运标准，建立互通共享的信息平台。升级改造现有设施，完善冷链、快件分拣等设施。部署一揽子政策为微观主体经营降成本、减负担，营造良好制度性环境。

（4）在国际科技创新中心建设中加强创新资源统筹和力量组织

从科研范式变革看，大科学时代必须集中创新资源和力量开展科技攻关"大会战"。第一，重视国家战略科技力量建设。通过制定一系列激励政策，如税收减免、资金补贴、科研奖励等，鼓励企业、高校和科研机构积极参与科技创新。不仅能够激发市场主体的创新活力，还能促进产学研的深度融合，实现科技成果的转化与应用。第二，强化企业技术创新主体地位。企业应当建立健全内部创新机制，形成以市场需求为导向的研发体系。企业在进行技术创新时，应深入了解市场需求和用户反馈，将其作为创新的出发点和落脚点。通过建立跨部门的创新团队，企业可以更好地整合资源，提升研发效率。第三，推进科技基础能力建设统筹和开放共享。科技基础能力，包括

---

[1] 谢梦圆：《集运 MaaS 平台上线　开启服务型智慧港口与国际航运中心建设新篇章》，中国新闻网，2024 年 9 月 10 日。

科研设施、人才培养、技术标准、数据资源等，是推动科技创新的基础。

2. 提升资源配置引领力的核心：国际金融中心的资本要素整合、全球网络链接与制度创新生态

上海强化全球资源配置功能，国际金融中心建设是核心。国际经济和金融中心建设提供了有效的市场机制、融资渠道、信息传递、政策引导和创新支持，是全球资源配置的前提，保障资源能够在不同的经济主体之间高效流动，最终实现经济的可持续发展和社会的整体繁荣。

（1）在国际金融中心建设中由要素规模竞争转向功能服务竞争

对标纽约、新加坡等城市，建设一批全球化金融服务机构、高端智库服务中心等，营造功能完备、包容开放、公平公正的服务环境。第一，制定行业服务质量标准，定期开展服务质量评估，推动企业提升服务水平，并通过认证体系激励优秀服务提供者。第二，设立高附加值服务产业园区，聚集金融科技、文化创意等高附加值服务企业，给予政策优惠和资源共享，促进产业集聚和协同发展。第三，搭建跨行业合作平台，促进不同行业企业之间的合作，例如科技企业与传统服务业合作，开发创新的综合服务解决方案。简化行政手续，优化行政审批流程，减少不必要的审批环节，提供"一站式"服务窗口，降低企业设立和运营的门槛。

（2）在国际金融中心建设中建立完备有效的监管体系

建立完备有效的金融监管体系不仅是金融市场健康运行的基础，也是维护资源配置安全性的重要保障。积极对标高标准国际金融规则，推进落实金融监管全覆盖，提高金融监管有效性，健全权责一致的风险处置责任机制，打造完备有效的强大金融监管体系。第一，金融监管全覆盖是实现金融稳定的前提。当前金融市场的复杂性和多样性日益增强，确保无论是银行、保险、证券还是互联网金融等新兴领域都在监管范围内，避免因某一领域的监管缺失而引发金融危机。第二，借助大数据、人工智能等现代科技手段，对金融市场进行实时监测和分析，及时发现潜在的风险隐患，提升监管的精准性和效率。第三，建立健全风险处置机制，可以通过制定明确的法律法规和政策框架，明确各类金融机构在风险发生时的责任承担和处置流程。

（3）在国际金融中心建设中推进人民币国际化

人民币国际化可以便利我国在全球配置资源。从支付结算功能来看，人民币国际使用的增多可以降低国际贸易中企业的汇兑成本和汇率风险。从投融资功能来看，人民币的国际使用可以便利我国资本在国外配置生产和金融资产，有利于我国以较低成本构建自主的产业链和供应链，并降低我国进行国际投资时的汇率风险。从计价功能来看，人民币计价范围的扩展有利于增强我国大宗商品的国际定价权，在国际贸易中占据更有利的谈判地位。第一，创新面向国际的人民币金融产品和工具，推动金融期货市场与股票、债券、外汇、保险等市场合作，开发适应投资者需求的金融市场产品和工具。据此制定"中国标准交易规则"，以市场定价权提升人民币在全球金融体系中的影响力。第二，围绕临港新片区跨境投资贸易的融资需求，推进离岸金融业务的先行先试。如鼓励"一带一路"共建国家在离岸金融市场上发行主权债券，引导各类国际投资者积极配置人民币资产，拓宽境外人民币的回流渠道。第三，推广人民币金融资产基准定价产品。立足国际市场，使上海发展成为全球人民币产品交易主平台和定价中心，提高"上海金""上海铜"等价格信号的全球影响力。

（4）在国际金融中心建设中注重机构特色化、差异化发展

中国证券行业已进入优胜劣汰、特色发展的格局重塑期。为有效满足不同客户群体的多样化需求，更好服务于小微企业、科技创新企业、绿色项目等，促进资源的高效配置，并且激发市场竞争，推动创新，上海金融机构需要注重特色化、差异化发展。第一，聚焦特定行业和领域，根据上海的区域经济特点和市场需求，聚焦特定行业或领域，提供专业化的金融服务。开发专门的融资产品、绿色信贷、绿色债券与养老金融产品等。第二，建立完善的风险评估体系和数据分析能力，金融机构能够更精准地评估客户的信用风险。第三，密切关注国家政策和地方政府的支持措施，积极参与各类政策性金融产品的开发与实施，增强自身的政策适应性。

（二）上海增强科技创新策源力的新思路

科技创新需要多方面的协同，涉及多个层面和领域的合作，以形成一个高效的创新生态系统。"五个中心"在上海的发展中相互协同、共同作用，显著强化上海的科技创新策源功能。各中心之间应加强政策协调和信息共享，形成合力，共同推动科技创新政策的落实。

1. 增强科技创新策源力的关键：基于全球城市网络理论的"五个中心"协同创新生态构建

全球城市网络理论揭示，核心节点城市通过要素配置力、规则主导力和产业辐射力形成创新策源优势。上海"五个中心"协同的深层逻辑在于：以科技创新为核心轴，串联国际经济、金融、贸易、航运的"四维共轭网络"，构建"技术供给—制度适配—空间聚合"的超循环创新生态系统。这一范式通过新经济地理学的"战略耦合"（strategic coupling）机制，将城市网络节点的线性关联升级为制度弹性与技术韧性的非线性互动，实现从要素集聚到系统涌现的功能跃迁。

（1）在国际经济中心建设中建立适应新质生产力的新型生产关系

新型生产关系本身是新质生产力的创新动力。创新是高质量发展的第一动力，而生产关系的创新是最根本的创新。人的本质是一切社会关系的总和，而生产关系则是最根本的社会关系。全面深化改革的过程中，要突破部分不适宜的生产关系桎梏，把握住发展的"机会窗口"。习近平总书记强调，"要深化经济体制、科技体制等改革，着力打通束缚新质生产力发展的堵点卡点"；"让各类先进优质生产要素向发展新质生产力顺畅流动"。[1]坚持系统观念，通过全面深化改革破除生产、分配、交换、消费循环过程中的梗阻，以新兴技术重构生产关系，推动产业结构和组织结构优化调整，上海率先加快培育适宜新质生产力生长的全国统一大市场环境。

（2）在国际贸易中心建设中增强创新要素吸引力与创新能级辐射力

一方面，在对全球生产要素的集聚与配置能力上，尤其是对资本、技术、人才、数据等各种不同类型的高能级生产要素具有较强的吸引力；另一方面，上海在全国、在世界经济中发挥带动与辐射作用，即全球经济要素在上海集聚后支撑形成新产业、新业态、新模式，继而主导和引领新型全球化和世界经济发展新趋势。中国是一个经济大国，大国经济应该由最具全球影响力的国际经济中心城市以及若干具有区域影响力的国家中心城市来共同带动。这些经济中心城市构成多元化的区域经济增长极和高质量的发展动力源，共同推进中国式现代化。

（3）在国际金融中心建设中健全科创金融制度和市场体系

科创金融制度和市场体系持续健全，建成包括银行贷款、债券市

---

[1]《关于发展新质生产力，总书记这样强调》，求是网，2024年3月8日。

场、股票市场、创业投资、保险和融资担保等在内，全方位、多层次的科创金融服务体系。科技型企业跨境融资便利进一步深化。稳步推广跨境融资便利化试点政策，允许中小微高新技术企业在一定额度内自主借用外债。推进合格境外有限合伙人外汇管理试点，鼓励和引导外资通过私募股权基金参与投资境内科技型企业。优化跨国公司跨境资金的集中化便利政策，帮助科技型企业提高资金应用效率，降低财务成本。

（4）在国际航运中心建设中加速智能航运技术发展

智能航运发展是全球航运业的趋势和中国海洋强国建设的重点，它将推动交通、海洋和航运强国建设，完善现代综合交通体系。发展智能航运技术，航运业通过引入自动化、人工智能和物联网技术，推动船舶自动化驾驶、智能导航和货物追踪等创新，提升运输效率和安全性。推广绿色技术，为了应对环境挑战，航运业正在开发新型燃料（如氢燃料、液化天然气）和减排技术，促进绿色航运的创新。依托"智慧大脑"实现初步数字孪生，通过数据分析与预测、资源优化调度、识别潜在风险等功能，为航运运营管理与应急处置等提供有效支撑。

2. **增强科技创新策源力的核心：国际科技创新中心的原始创新能力、全球网络链接与制度创新生态**

（1）推动科技成果向新质生产力转化

第一，加强科技创新体系建设。建立多层次的科技创新平台，通过建设国家级和市级的科技创新中心、实验室和技术转移中心，为科研机构和企业提供技术支持与服务，促进科技成果的转化。推动产学研合作，鼓励高校、科研院所与企业深度合作，建立联合研发机制和成果转化机制，形成以市场需求为导向的技术研发模式。第二，完善科技成果转化政策。通过财政补贴、税收减免等政策，激励企业和科研机构积极参与科技成果转化。同时，设立科技成果转化专项基金，支持初创企业和创新项目。优化知识产权保护，加强知识产权的保护和管理，建立健全知识产权评估、交易和转化机制，鼓励科技成果的市场化应用。第三，促进科技成果的市场对接。搭建科技成果交易平台，建立专门的科技成果交易市场或平台，定期举办科技成果发布会和对接洽谈会，促进科研机构与企业之间的交流与合作。加强行业应用示范，选择重点行业和领域，开展科技成果转化的示范应用，推动新技术、新产品在实际生产中的应用，带动相关产业的升级。

（2）重视基础研究

上海将持续深入做好基础研究先行区建设工作，通过设立基础研究先行区运行管理机构、遴选资助顶尖科学家、加强体系化建设等举措，支持科学家专注开展高风险、高价值的基础研究，给予长周期稳定支持和长周期评价。一方面，增加基础研究投入，加大政府对基础研究的财政投入，设立专项基金，支持高校、科研院所和企业的基础研究项目，确保研究经费的稳定性和可持续性。鼓励社会资本参与，通过政策引导和激励，吸引社会资本投资基础研究，形成多元化的资金支持体系。另一方面，完善科研机构和平台建设，建设高水平研究机构，支持建设国家级和省级重点实验室、研究中心和创新基地，汇聚顶尖科研力量，推动基础研究的深入开展。搭建科研合作平台，建立跨学科、跨领域的科研合作平台，促进不同科研机构、高校和企业之间协同创新，推动基础研究成果共享应用。

（3）超前布局培育未来产业

上海将重点聚焦脑机接口、6G、量子计算、AI药物、绿色燃料、可控核聚变、第四代半导体、新型储能、细胞和基因治疗、先进材料等战略前沿领域，动态扫描全球技术发展态势，建立细分领域战略咨询机制，强化科技布局的战略性、敏捷性，加强颠覆性技术多路径探索和比选寻优，分领域逐项加快启动未来产业专项培育。[1]从培育做法上，坚持"前瞻布局、战略敏捷、需求牵引、全链贯通"原则，以发现和甄别具有颠覆性技术、标志性产品、市场潜在规模大、产业带动性强的未来产业为首要关键，以建构未来产业全球竞争力为重点，建立健全未来产业"发现—甄别—培育"机制，实现"技术发现—产品孵化—产业放大"的全链条联动。在金融支持上，推动设立上海未来产业基金，作为市场化运作的功能性政府投资母基金，不以营利为主要目的，旨在加大对投早、投小、投硬科技的理念引导，与三大先导产业母基金功能对接，形成从早期科技成果孵化到产业整合的完整科技投资体系。

（4）在国际经济中心建设中全面深化科技成果转化创新改革试点

上海已启动科技成果转化创新改革试点，率先开展全部所有权赋权试点、科技成果资产单列管理等改革举措，出台相关制度指引。2024年上海的科研机构知识产权类交易合同成交数为6773件，较2022年增长21%；成交金额逾238亿元。39家试点单位赋权专利成果215项，转化金额超过11亿元，孵化公司153家。[2]未来将深化科技成果产权制度改革，鼓励通过"赋予所有权＋转让＋约定收益"模式，实现职务科技成果全部所有权赋权；协同联动多部门，推动符合尽职免责条件的科技成果转化不纳入国有资产绩效和保值增值考核

[1]《政府工作报告——2025年1月15日在上海市第十六届人民代表大会第三次会议上》，《解放日报》2025年1月20日。

[2]《上海探索打通专利转化堵点：2024年科研机构合同成交6773件》，《经济日报》2025年2月25日。

范围。

（三）上海强化高端产业集聚力的新思路

上海承担着推动中国经济高质量发展的重任。随着全球经济格局的变化，上海在建设国际经济、金融、贸易、航运和科技创新中心的过程中，强化了高端产业引领功能。本书通过分析数字化、绿色化、产业融合等因素如何推动上海高端产业的发展，阐明上海如何实现全球产业链、创新链、资本链、供应链的深度融合，探讨上海以"五个中心"建设强化高端产业引领功能的思路。

1. 强化高端产业集聚力的关键："五个中心"协同建设构建自主可控的现代化产业体系

上海作为中国经济的重要引擎，通过积极推动"五个中心"建设，围绕产业、技术、金融、市场、人才等多个领域，形成了一个紧密协同、相互支持的产业生态体系。在这一生态系统中，上海构建起自主可控的现代化产业体系，促进了新兴产业的蓬勃发展和传统产业的智能化转型，强化高端产业引领功能。"五个中心"通过联动形成多维度创新体系，各自发挥独特引领作用并良性互动，促进产业协同发展，为高端产业引领功能的强化与升级提供全方位的支撑。

具体而言，主要从以下三方面展开：第一，上海通过"五个中心"的互动，形成跨领域的协同创新机制。科创中心与金融中心的协同实现创新资金的高效配置，贸易中心与航运中心的协同促进全球资源的整合，经济中心与科创中心的协同推动技术突破和知识转化。第二，通过"五个中心"的协同，上海可以有效提升高端产业的自主可控能力，为高端产业的全球化布局提供支持。无论是在海外市场拓展、跨国并购，还是在全球供应链的管理上，上海依托"五个中心"的优势，持续提升在全球产业链中的话语权和竞争力。第三，"五个中心"的协同推动产业生态圈建设。上海通过加强产业链上下游的紧密合作，推动产业资源的共享与互补，形成产业创新、技术研发、资金支持、市场拓展、人才保障等多个方面的全方位支持体系，为高端产业提供了更加坚实的发展基础。

（1）数字化与智能化：提升产业竞争力

通过"五个中心"的协同推动数字化转型，特别是在科技创新和金融服务的支持下，上海加速了产业智能化发展。科创中心通过加大对集成电路、人工智能、生物医药等领域的科研投入，促进了数字新兴产业技术突破与产业升级。金融中心通过创新金融产品与服务，为这些产业提供资金保障，推动了企业的技术创新与市场应用。在贸易和航运中心的支持下，上海进一步推动贸易流程的数字化改造，通过"智慧海关"和"数字化通关"系统，提高高端产业产品的全球流动效率，降低出口成本，优化全球供应链管理。

（2）绿色化与低碳化：推动可持续发展

绿色低碳经济已成为全球产业发展的必然趋势，上海积极响应这一趋势，通过"五个中心"协同推动绿色技术、绿色金融和绿色产业的蓬勃发展。科创中心专注于绿色技术的研发，尤其在新能源、绿色制造和清洁技术领域，推动绿色技术的突破与产业应用。金融中心则通过绿色金融产品的创新，吸引全球资本流向绿色产业，支持绿色债券、绿色基金等金融工具的应用。航运中心通过绿色航运政策和技术创新，推动航运业的低碳转型，提升上海的全球竞争力，为高端产业的绿色供应链提供可持续的解决方案。

（3）产业融合：构建创新生态体系

"五个中心"的协同作用为上海的产业融合提供了强大的支撑，尤其是在产业链上下游的协作方面，形成了紧密合作的产业生态体系。科创中心与金融中心联动，推动创新资金的高效配置，为高新技术企业的发展提供强大动力。贸易中心与航运中心的协同则促进了全球资源的整合与产业链的优化，推动高端产业的全球布局。此外，上海通过强化产业链的基础设施建设，推动产业资源的共享与互补，尤其在基础零部件、基础材料和工业基础软件等领域，打破了关键技术瓶颈，增强了产业链的自主可控能力，提升了产业的整体竞争力。

通过"五个中心"的协同建设，上海提升了高端产业的自主创新能力，推动了产业结构的优化与升级。无论是在全球市场拓展，还是在技术研发和供应链管理上，上海通过建设"五个中心"，构建了一个自主可控的现代化产业体系，为产业的可持续发展提供了坚实基础。

2. 强化高端产业集聚力的核心：国际经济中心建设的数字化、绿色化与产业融合发展

在推动上海国际经济中心建设的进程中，高端产业的发展是构筑区域竞争力和全球影响力的核心。上海提出的"3+6"产业体系，通过三大核心产业（人工智能、集成电路、生物医药）的引领作用和六大重点产业（电子信息、生命健康、汽车、高端装备、先进材料、时尚消费品）的集群发展，旨在推动产业发展规模化、质量提升和全球辐射力增强。为了实现这一战略目标，数字化、绿色化和产业融合将成为推动高端产业引领的三大关键驱动力。

数字技术作为现代产业发展的基础设施，能够显著提升产业生产效率与竞争力。对于数字经济核心产业，企业数字化转型促使数字经济核心产业需求猛增，有力推动产业规模扩张。就人工智能产业而言，企业数字化转型中产生的海量数据加速了技术创新，拓展出智能制造、智慧医疗等更多应用场景，推动不同领域企业协同合作形成

产业生态，市场需求大幅攀升。对于集成电路产业，企业数字化转型催生了工艺升级、芯片设计优化等需求，与大数据、云计算等技术融合，推动产品设计从传统模式向数字化、智能化的跨越，提升设计精度，降低成本并提高效率，扩大产业规模。

对于战略性新兴产业的数字化转型，需要政府制定全面且具有前瞻性的规划，明确各产业转型目标、重点及步骤，设立评估指标体系，同时提供专项财政资金和税收优惠，以支持数字化项目，降低企业转型成本。在基础设施建设中，一方面大力推进5G网络在产业园区和重点企业的全覆盖，加快数据中心建设，满足低延迟需求；另一方面，搭建行业级和企业级工业互联网平台，实现产业链协同与企业内部集成。例如，在张江生物医药产业园区，5G网络可以支持远程医疗设备高速数据传输、药品生产过程实时监控等。在构建产业生态时，推动大中小企业数字化协同，鼓励企业建立产业联盟，促进战略性新兴产业与传统产业的数字化融合，如将生物医药与信息技术融合，发展数字医疗产业，以上海国际经济中心建设强化高端产业引领功能。

绿色化转型是全球经济发展的必然趋势，上海通过推动新能源和智能汽车等产业的发展，致力于实现经济发展与环境保护的双赢。在六大重点产业中，汽车和先进材料产业是绿色化转型的重点领域。上海通过政策引导、技术创新及完善基础设施，加速新能源汽车的普及与智能化升级。绿色能源技术的突破和新能源汽车的广泛应用，也为产业提供新的发展动力。上海的绿色化战略还包括推动制造业的绿色转型，通过创新绿色技术和绿色金融政策支持，上海将助力制造业向低碳、环保方向发展。

产业融合与制造业服务化是提升产业附加值、推动产业高质量发展的重要策略。在上海的高端产业引领战略中，产业融合不只是技术的交叉应用，也体现为制造业与服务业的深度协同。首先，需要推动产业链内部的深度融合，尤其是在集成电路、电子信息、生物医药等领域，通过技术与市场的双向驱动，提升产业链的整体竞争力。集成电路产业与智能终端、物联网、云计算等产业的融合，将增强上海在全球电子产业中的话语权。生物医药产业与健康管理、数字医疗的融合发展，将推动产业从单纯的药品生产向综合健康服务延伸，形成更具市场竞争力的产业集群。其次，加快推动制造业服务化进程，推动传统制造业向高附加值转型。高端装备制造、汽车等行业的制造与服务融合，将促使企业提供更加个性化和综合性的产品和服务，提升产业的整体创新能力与市场适应性。制造业服务化不仅能增加产品的附加值，还能促进产业链的延伸与扩展，形成更广泛的产业协同效应。

（四）上海提升对外开放辐射力的新思路

作为中国经济的强劲引擎、金融的核心枢纽、贸易的关键门户、航运的重要节点、科技创新的前沿阵地，上海肩负着强化开放枢纽门户功能的重大使命。在全球供应链重构与多元化、生产要素流动加速、绿色低碳经济合作与开放的背景下，上海通过"五个中心"的协同作用，推动全球供应链的多元化，提升灵活性和创新性，优化资源配置，加强绿色低碳经济合作，提升在全球经济中的枢纽地位。本书将深入剖析如何把这五大功能进行集聚与整合，探索上海强化开放枢纽门户功能的新思路。

1. 提升对外开放辐射力的关键：打造"五个中心"协同发展新格局

全球供应链正在经历重构与多元化发展，上海作为全球开放枢纽，应通过"五个中心"的协同作用，提升供应链的灵活性、韧性和创新性。第一，经济中心与贸易中心联动。经济中心可以通过加强与全球主要经济体的贸易联系，进一步推动全球供应链的多元化，优化产业结构。贸易中心则可以通过加强海关便利化和跨境电商等现代贸易方式，促进全球商品流动，降低供应链中的摩擦与成本。第二，航运中心与贸易中心协作。上海作为全球航运枢纽，推动航运物流的智能化升级，通过大数据、物联网等技术，提高物流效率，降低运输成本，并确保全球供应链的时效性和稳定性。通过与贸易中心协同，航运中心可打造智能物流网络，进一步巩固上海的全球贸易枢纽地位。第三，科技创新中心支撑供应链优化。科技创新中心应推动技术创新，尤其是在自动化生产、物联网、人工智能等领域的应用，提升制造业和物流产业的效率，推动供应链从传统模式向智能化、数字化转型。此外，通过建立全球供应链合作平台，促进不同国家和地区的供应链参与者共享先进技术和经验，提升全球供应链的协同能力。

加速生产要素的全球流动是提升上海在全球经济体系中地位的关键。上海通过"五个中心"建设，形成多元化的要素流动通道，推动全球资源的高效配置与流动。第一，金融中心与科技创新中心联动。金融中心通过资本市场的改革和创新，为科技创新提供资金支持，推动高科技产业和绿色产业的快速发展。通过风险投资、股权融资等方式助力人工智能、量子计算、生物医药等领域新兴企业成长。金融中心应推动人民币国际化，为全球资金流动提供更加便捷的支付和结算服务，增强上海在全球资本市场中的影响力。第二，经济中心与金融中心联动。通过推动跨境资本流动和人民币国际化，金融中心可以成为全球资本的聚集地和重要流动通道。经济中心通过优化政策环境，吸引外资，促进科技、制造业等高端产业的发展。两者的联动可以进一步提升上海对全球经济要素的吸引力，推动全球资源、技术、资本和人才的流动。第三，航运中心促进全球信息流动。航运中心的数字化转型在促进物流高效流动的同时，更能加速全球信息交互，通过数字平台、供应链管理系统等，实现全球贸易和物流信息的即时共享与协同，从而提升全球供应链效率和生产要素的流动性。

绿色低碳经济的合作与开放是上海加强全球枢纽门户功能的重要方向。上海应通过"五个中心"建设中的合作，推动绿色技术、绿色金融和绿色产业的全球化发展。第一，科技创新中心推动绿色技术研发。科技创新中心应着力发展绿色技术和低碳技术，推动绿色能源、绿色制造、清洁技术等领域的创新。通过加强与全球领先科技企业、科研机构的合作，使上海成为全球绿色科技创新的引领者，推动绿色技术成果的商业化应用。第二，金融中心支持绿色金融发展。上海作为金融中心，应加快绿色金融发展，支持绿色债券、绿色基金、碳交易市场等绿色金融工具的创新与应用。通过政策引导和金融产品创新，吸引全球资本流向绿色项目，推动绿色经济的资金流动与投资。第三，经济中心推动全球绿色经济合作。经济中心可以通过加强与全球绿色组织和政府间合作，推动绿色低碳经济政策的国际协调与合作。通过建设国际绿色经济合作平台，促进全球绿色技术和绿色经济的流动与共享，为全球可持续发展作出贡献。第四，航运中心支持低碳航运。航运中心可以通过加快应用绿色航运技术如低碳燃料、智能航运系统等，降低航运业碳排放，推动全球航运业绿色转型。通过绿色航运合作平台，上海可以促进全球航运业在低碳转型过程中的技术合作与资源共享。

2. 提升对外开放辐射力的核心：推动国际贸易与国际航运中心的融合发展

为了进一步强化上海的开放枢纽门户功能，提升其在全球供应链重构、生产要素流动加速以及绿色低碳经济合作中的作用，上海应积极、全力推动贸易中心和航运中心的融合发展。

在全球经济格局深度调整、国际合作日益紧密的当下，上海肩负着以贸易中心和航运中心建设强化开放门户枢纽功能的重要使命。一方面，上海应积极与国际经贸组织合作，推动全球供应链多元化布局。通过搭建"智能供应链"平台，融合大数据、AI与区块链技术，实现全球供应链全流程（从原材料采购到运输交付）的实时监控与精准优化，提升供应链的透明度与运行效率，巩固上海在全球供应链中作为关键枢纽的核心地位。凭借这一先进技术平台，为全球客户量身定制更为精准、高效的供应链管理解决方案，显著增强上海在全球市场的竞争力。另一方面，在"一带一路"倡议的引领下，上海需充分发挥自贸试验区的政策优势，大力推动与共建国家的供应链深度合作，积极促进跨境电商平台蓬勃发展，创新供应链金融服务模式，切实降低中小企业跨境贸易的门槛，有力推动全球资源的自由流动与合理配置。

与此同时，上海积极支持跨境电商物流和冷链运输产业的创新发展，全力构建与全球电商平台和冷链供应商的紧密合作网络。通过持续优化航运和物流体系，显著提升传统航运效率并加强与全球供应链中的关键企业和核心市场的深度协作，进一步增强了全球供应链的可靠性与灵活性，稳固了上海在全球商品流通领域的核心地位。为进一步提升全球供应链的韧性与效率，上海应在航运中心建设进程中，坚定不移地提升港口智能化、绿色化以及物流数字化水平。借助大数据、物联网和区块链等前沿技术，深度整合港口、物流、供应链以及金融等多领域数据，实现资源的精准、高效配置，显著提高全球供应链的响应速度与灵活应变能力。在此过程中，持续加大对港口数字化和智慧航运应用的投入力度，打造智能港口运营体系，实现船舶调度、货物装卸、仓储管理等环节的智能化运作，全面提升全球航运的智能化水平，进而有力增强上海在全球航运领域的核心竞争力。

在全球化背景下，要素流动加速已然成为经济一体化的核心驱动力，在此形势下，上海全力推动资本、技术和人才的跨境高效流通，促进全球产业链的紧密对接与高效协同。在资本流动领域，上海大力强化金融服务体系建设，吸引国际资本流入，精准对接高技术产业的资金需求，为产业升级和技术突破筑牢资金根基，并且通过持续优化金融服务，切实满足中小企业在全球市场技术创新与市场拓展过程中的资金需求。在技术与人才方面，上海聚焦创新环境优化，积极吸引顶尖科技企业入驻和高端人才汇聚，通过加强人才引进政策，搭建国际人才合作平台，促进全球范围内人才、技术与资本之间的良性互动，全方位提升自身在全球创新网络中的影响力，努力在全球经济舞台上发挥更为关键的引领作用。

在建设贸易中心和航运中心、强化开放门户枢纽功能的过程中，上海将绿色航运置于至关重要的战略高度，全力推动其蓬勃发展。凭借自身作为全球贸易和物流枢纽的地位，以及港口、物流和交通等基础设施的优势，上海积极引领绿色低碳航运在全球范围内的战略布局。一方面，持续加大船舶与港口的环保设施建设投入，全面推动清洁能源（如液化天然气、岸电等）的大规模应用，从源头上减少航运业的碳排放，稳步提升港口的可持续发展能力；另一方面，高度重视环保技术的创新与实际应用，通过产学研合作、政策激励等多种手段，促使一系列先进环保技术在航运场景落地生根。上海还积极拓展国际合作版图，深度加强与"一带一路"共建国家和地区在绿色航运领域的全方位合作，携手共建绿色航运生态圈。通过参与国际标准制定、发起行业倡议等方式，上海在推动全球绿色航运标准的制定过程中发挥着关键作用，进一步提升了在国际绿色航运市场的话语权与影响力。

随着贸易中心与航运中心建设的深度推进，上海积极投身全球供应链的重构进程，大力推动其向多元化方向发展，同时加速生产要素的高效流动，深度开展绿色低碳经济领域的国际合作，借此进一步稳固并提升自身在全球经济格局中的核心地位。在实施路径上，上海充分借助智能供应链、跨境电商、绿色金融等创新手段，通过大数据、物联网等前沿技术对供应链各环节精准把控并使之高效协同，利用政策优势与市场活力拓展全球贸易网络以促进商品与服务高效流通，全面优化全球供应链的运作效率，增强其稳定性与韧性。一系列举措，不仅为上海高质量发展注入了强劲动力，还为全球经济合作与可持续发展贡献了宝贵的"上海智慧"与"上海方案"，彰显了国际化大都市的责任与担当。

四、"五个中心"建设的未来展望

当今世界格局深刻调整，新一轮科技革命与产业变革交织激荡，上海深化建设"五个中心"面临系统性重塑的历史机遇，需加速破解结构性矛盾。在战略机遇的窗口期与动能转换的突破期叠加共振形势下，上海拥有制度优势、开放势能、协同效能三重支撑。核心支撑在于国家战略支点的持续赋能，要深度融入长三角一体化发展、浦东引领区建设等重大部署，对标国际最高标准、最高水平，"全方位大力度推进首创性改革、引领性开放"[1]，加快形成具有国际竞争力的政

---

[1]《习近平总书记对上海提出全方位大力度推进首创性改革引领性开放重要要求　勇当先锋　更高起点全面深化改革开放》，《解放日报》2023 年 12 月 4 日。

策和制度体系，让制度创新的"化学反应"转化为新质生产力发展的"几何效应"。

上海在"五个中心"建设中将继续坚持系统观念，持续增强整体效应、平台效应、放大效应和辐射效应"四个效应"，这既是上海城市功能升级的实践路径，也是其全球竞争力的核心支撑。增强"五个中心"联动发展的协同动能，发挥整体效应，通过统筹"五个中心"建设的顶层设计，打破功能孤岛，推动经济、金融、贸易、航运与科技创新的深度融合；加大高能级载体的集聚优势，发挥平台效应，依托临港新片区、张江科学城、虹桥国际开放枢纽等战略平台，打造制度型开放和要素配置的"超级接口"；强化制度创新的扩散能力，发挥放大效应，通过首创性改革形成可复制的"上海方案"，推动政策红利向更大范围延伸；链接全球网络的节点功能，发挥辐射效应，强化上海作为国内大循环中心节点和国内国际双循环战略链接的枢纽作用。进一步提升功能设计、制度供给、政策突破的体系化水平，将联动发展、耦合共生、相互赋能作为上海"五个中心"建设的独特优势。

后 记

　　中国式现代化是全面建成社会主义现代化强国、实现中华民族伟大复兴的康庄大道。2024 年 7 月，党的二十届三中全会对进一步全面深化改革、推进中国式现代化作出系统部署，提出"七个聚焦"的分领域改革目标，强调聚焦构建高水平社会主义市场经济体制，聚焦发展全过程人民民主，聚焦建设社会主义文化强国，聚焦提高人民生活品质，聚焦建设美丽中国，聚焦建设更高水平平安中国，聚焦提高党的领导水平和长期执政能力，从总体上囊括了推进中国式现代化的战略重点。

　　上海是改革开放排头兵、创新发展先行者，在推进中国式现代化中肩负着光荣使命。2023 年 12 月，习近平总书记在上海考察时强调，上海要聚焦建设"五个中心"重要使命，加快建成具有世界影响力的社会主义现代化国际大都市，在推进中国式现代化中充分发挥龙头带动和示范引领作用。

　　为深入学习贯彻党的二十届三中全会精神，深入阐释上海践行习近平总书记嘱托、服务国家战略的创新探索，2024 年 7 月，上海市委宣传部、市社科规划办策划和组织"中国式现代化的上海样本"系列课题研究，对标党的二十届三中全会提出的"七个聚焦"战略重点，遴选知名专家组建研究团队，以市社科规划课题形式开展高质量课题研究，对上海在新征程上推进中国式现代化的实践经验进行理论总结和提炼。设立的 7 项研究选题分别为"推进高质量发展、加快建设'五个中心'""发展全过程人民民主""建设习近平文化思想最佳实践

216

地""创造高品质生活""全面推进美丽上海建设""推进中国特色超大城市治理""走出符合超大城市特点规律的基层党建新路"等。

成果质量是学术研究的生命线。市委常委、宣传部部长赵嘉鸣全程关心指导研究课题的推进工作，要求务必精耕细作、形成高质量研究成果。市委宣传部落实课题全周期管理，在课题启动、推进、结项等环节先后召开多次会议，市委宣传部分管副部长权衡出席并作具体指导，市委党校常务副校长曾峻、市政协副秘书长沈立新、市委政策研究室副主任张斌、市人民政府发展研究中心副主任严军等四位专家全程跟进指导，确保课题研究质量，最终形成本套"中国式现代化的上海样本"丛书，并作为"党的创新理论体系化学理化研究文库"首套丛书。

本书系"推进高质量发展、加快建设'五个中心'"课题成果。课题紧紧围绕习近平总书记对上海"五个中心"建设的战略要求，按照新时代上海"五个中心"建设的"国家使命—上海需求—建设思路"三个维度，深入探讨了新时代新征程中，习近平总书记和党中央对上海"五个中心"建设的总体要求和上海承担的国家使命；全面梳理了改革开放以来，上海城市定位从"一个中心"向"三个中心"、"四个中心"和"五个中心"转变的历史脉络，并分析了新时代上海"五个中心"建设的新起点；总结出改革开放以来上海"五个中心"建设的内在逻辑，并提出新时代上海"五个中心"建设新的目标定位；并由此将上海"五个中心"建设的新内涵确定为胸怀"两个大局"，坚持"四个放在"，从站在"国之大者"高度出发，落实和服务好国家战略、维护国家利益以及保障国家安全。在此基础上，深入探讨了上海强化"五个中心"整体效应、平台效应、放大效应、辐射效应，系统性协同提升城市能级和核心竞争力，更好服务国家改革发展大局的新思路和未来的可能探索。本书尝试全面深入地总结上海"五个中心"的实践经验，阐释相关政策的内在逻辑，努力为新时代上海"五个中心"建设描绘出一幅新的蓝图。

该项课题由上海社会科学院干春晖研究员牵头，刘亮研究员以及杨博、赵晓涛、王佳希、贾文星、徐紫嫣、曹章露、李琳、聂健赟8位博士，经过大半年时间完成。

参与本书组织工作的有市社科规划办李安方，市委宣传部理论处陈殷华、薛建华、姚东、柳相宇等。本书的出版得到了上海人民出版社的大力支持，在此表示感谢。

2025 年 5 月

图书在版编目(CIP)数据

"五个中心"建设：国家使命与发展逻辑 / 干春晖
等著. -- 上海 ：上海人民出版社，2025. -- ISBN 978
- 7-208-19585-1

Ⅰ. F299.275.1

中国国家版本馆 CIP 数据核字第 2025RD6809 号

责任编辑　沈骁驰
封面设计　汪　昊

"五个中心"建设:国家使命与发展逻辑

干春晖　等著

出　　版　上海人民出版社
　　　　　　(201101　上海市闵行区号景路 159 弄 C 座)
发　　行　上海人民出版社发行中心
印　　刷　上海中华印刷有限公司
开　　本　787×1092　1/16
印　　张　14.25
插　　页　2
字　　数　165,000
版　　次　2025 年 6 月第 1 版
印　　次　2025 年 6 月第 1 次印刷
ISBN 978 - 7 - 208 - 19585 - 1/D·4527
定　　价　65.00 元